Ryswick

RÉPUBLIQUE
BATAVE

Anvers

Cologne

Bruxelles
Waterloo
Liège

Tournai
Fontenoy
Mons
Jemmappes
Namur

Coblentz

Denain Malplaquet

RDIE
Vervins Mézières
Sedan
Luxembourg
Trèves

Longwy

ALLEMAGNE

sne
Reims Varennes
Metz
Merne
Valmy
Épernay Châlons Verdun

LORRAINE

CHAMPAGNE Bar-le-Duc
Lunéville
Strasbourg
DUCHÉ
DE
WURTEMBERG

Danube

Aube
Épinal Colmar

Troyes Chaumont

Auxerre Langres
Vesoul

l. de Constance

Culmon

FRANCHE
Dijon Besançon

Rhin

NIVERNAIS
Nevers

COMTÉ

Berne

BOURGOGNE Lons-le-Saunier
RÉP.que HELVÉTIQUE

ONNAIS

Mâcon Bourg
l. Léman

SAVOIE

Lyon
St-Pierre

LYONNAIS Chambéry

Isère

ITALIE

Po

Romans Grenoble

te Puy
PIÉMONT

Privas DAUPHINÉ

Gap

Gênes

Mande

Golfe
de
Gênes

Alais
Digne
COMTAT
VENAISSIN

Nîmes

PROVENCE
Nice

Montpellier
Aix
Cannes
Fréjus

Marseille Toulon

Golfe du Lion

pignan

MER MÉDITERRANÉE

Bastia

CORSE

Ajaccio

James A Boyd
712 WILDELL RD
DREXEL HILL PA
19026
259-5951

Heath's Modern Language Series

HISTOIRE DE FRANCE

COURS ÉLÉMENTAIRE

PAR

ERNEST LAVISSE
DE L'ACADÉMIE FRANÇAISE

D. C. HEATH & CO., PUBLISHERS

BOSTON   NEW YORK   CHICAGO

PRÉFACE

Ce volume contient des récits qui encadrent des images.

Les récits sont quelquefois des descriptions, et les images montrent les objets décrits; plus souvent, ils sont des anecdotes, et les images montrent les actions racontées.

Les descriptions donneront aux enfants une première idée des mœurs et des coutumes de nos pères; les anecdotes, non pas inventées, mais tirées d'authentiques documents, leur feront connaître les principaux événements et aussi les plus grands personnages de notre histoire.

Par endroits, après un groupe de récits qui se rattachent à une même époque, quelques lignes indiquent la transition de cette époque à la suivante. Les enfants recevront ainsi des notions élémentaires sur la marche générale de l'histoire de France.

Et c'est tout, et je crois que c'est assez.

Plus tard, au cours moyen, au cours supérieur, les écoliers préciseront les connaissances qu'ils auront acquises; ils en acquerront de nouvelles.

A chaque âge doit suffire sa peine.

L'expérience a montré que l'enseignement de l'histoire dans nos écoles n'a pas donné les résultats espérés. La raison en est peut-être que jusqu'à présent, nous n'avons pas gradué méthodiquement nos efforts.

J'essaye aujourd'hui de marquer le premier degré de cet enseignement.

ERNEST LAVISSE

TABLE DES MATIÈRES

LIVRE CINQ
De la mort de Henri Quatre à la Révolution

LIVRE SIX
La Révolution

LIVRE SEPT
Napoléon

LIVRE HUIT
De Napoléon à 1900

HISTOIRE DE FRANCE

COURS ÉLÉMENTAIRE

AU TEMPS DES GAULOIS

*Enfants gaulois qui se battent
comme de petits sauvages*

LIVRE PREMIER

LES GAULOIS, LES ROMAINS ET LES FRANCS

CHAPITRE PREMIER
LES GAULOIS ET LES ROMAINS

Autrefois, notre pays s'appelait la Gaule, et les habitants s'appelaient les Gaulois.

Notre pays a bien changé depuis lors, et nous ne ressemblons plus guère à nos pères les Gaulois.

1. Comment vivaient les Gaulois. — Les Gaulois habitaient des maisons faites avec de la terre et couvertes en paille. Ces maisons n'avaient qu'une porte et pas de fenêtres. La fumée sortait du toit par un trou parce qu'il n'y avait pas de cheminée. 5 Vous n'aimeriez pas habiter de pareilles cabanes. La fumée vous piquerait les yeux et vous ferait pleurer.

L'image vous montre une maison gauloise.

Vous voyez, à droite, un Gaulois. Il a les cheveux très longs. Sa moustache est très longue aussi. Il est habillé d'une blouse, d'un pantalon et d'un manteau agrafé sur l'épaule. Le manteau est fait d'une peau de bête.

Si vous rencontriez un homme comme celui-là dans la rue, vous seriez bien étonnés. Vous croiriez que c'est un *sauvage*.

Le Gaulois va partir pour la chasse. Il tient une lance à la main. Avec cette lance, il attaquera les cerfs, les sangliers et les loups, qui étaient alors très nombreux dans notre pays. Aussi, les Gaulois passaient une grande partie de leur temps à chasser.

UN GAULOIS ET SON FILS PARTANT
POUR LA CHASSE

La maman gauloise que vous voyez assise donne au plus grand de ses enfants un arc et des flèches pour tirer sur les oiseaux. Le garçon suivra son 30 père à la chasse. Il n'ira pas à l'école pour une bonne raison: c'est qu'il n'y avait pas d'écoles en Gaule. Personne n'y apprenait à lire ni à écrire.

Vous ne voudriez pas être des ignorants comme ces petits-là.

Il vaut mieux être venu au monde en ce temps-ci qu'au temps des Gaulois.

2. La cueillette du gui. — Voici un chêne dans une forêt. Un homme est monté sur ce chêne. Il est habillé d'une robe toute blanche, et il a sur la tête une couronne de feuillage.

Cet homme est un prêtre. Les prêtres gaulois s'appelaient des *druides*.

Il tient une serpe à la main; il va couper une petite plante, le *gui*, qui a poussé sur une des branches.

Au pied du chêne, vous voyez d'autres druides; ils tendent un linge pour recevoir le gui.

Les Gaulois croyaient que cette plante guérissait les malades et qu'elle portait bonheur.

Aussi le jour où l'on cueillait le gui était une grande fête. Les habitants y venaient en foule.

UN DRUIDE CUEILLE LE GUI

La cérémonie finie, on s'asseyait par terre pour manger, boire et chanter; souvent, on buvait trop et alors on se disputait et on se battait. *Les Gaulois aimaient à se disputer et à se battre, comme font les peuples sauvages.*

3. Le général Vercingétorix. — Un jour, la Gaule fut attaquée par un peuple qui habitait l'*Italie.*
5 Ce peuple s'appelait les *Romains.* Il était commandé par un grand général, *Jules César.*

Les Gaulois choisirent pour général un jeune homme d'Auvergne, *Vercingétorix.* C'est lui que vous voyez sur l'image, seul en face de plusieurs
10 chefs gaulois.

Il est coiffé d'un casque de fer qui a de petites ailes de fer. Une épée, une hache et un bouclier sont attachés à sa ceinture. Il tient une lance.

Il porte un collier et des bracelets en or.
15 Il parle aux Gaulois. Il leur parle très bien. Il leur dit:

«Les Romains veulent nous prendre notre pays; il faut nous défendre. Marchons et chassons-les de la Gaule, notre patrie.»
20 Les Gaulois ont tiré leurs épées. Ils promettent de suivre Vercingétorix et de combattre avec lui pour chasser les Romains.

4. Vercingétorix meurt pour la patrie. — Vercingétorix battit d'abord les Romains. Ce fut
25 une grande joie dans toute la Gaule quand on apprit sa victoire. En réjouissance, on alluma de grands feux sur les collines.

Mais ensuite il fut vaincu. Il alla s'enfermer avec ses soldats dans une ville, *Alésia,* qu'on ap-
30 pelle aujourd'hui *Alise-Sainte-Reine.*

VERCINGÉTORIX ENCOURAGE LES GAULOIS À COMBATTRE LES ROMAINS
ET À LES CHASSER DE LA GAULE

César entoura la ville avec son armée. Il l'entoura si bien qu'il fut impossible aux Gaulois d'en sortir. Bientôt ces malheureux n'eurent plus à manger.

5   Vercingétorix ne voulut pas les laisser mourir

VERCINGÉTORIX JETTE SES ARMES DEVANT CÉSAR

de faim. Il aima mieux se rendre à César. Il s'en alla vers le camp des Romains, tout seul.

Vous le voyez au moment où il vient d'arriver devant César, qui est assis sur un siège élevé.

10   Vercingétorix a jeté son casque et sa lance. A présent, il jette son épée. Cela voulait dire qu'il se reconnaissait vaincu.

César croyait que Vercingétorix allait le prier de ne pas le faire mourir. Mais Vercingétorix
15 était trop fier pour prier César. Il le regarda bien en face et ne dit pas un mot.

Vercingétorix fut conduit à *Rome*.   On l'enferma dans une prison;   c'était une cave presque
sans air et sans lumière.   Il y resta plusieurs années.   Souvent il pensait au temps où il marchait
par les chemins de la Gaule, suivi de ses soldats. 5
Et il était bien triste.   A la fin, César le fit mourir.

*Retenez bien le nom de Vercingétorix, qui a combattu
pour défendre sa patrie, et qui a souffert et qui est mort
dans une affreuse prison.*

5. Une ville gauloise. — Voici une place d'une
ville.   Vous y voyez de beaux monuments à colonnes.   Une fontaine verse son eau nuit et jour.

UNE VILLE GAULOISE DU TEMPS DES ROMAINS

Cette ville est une ville gauloise.   Vous devez **10**
être étonnés de voir une si belle ville en Gaule,

car vous avez vu l'autre jour une maison gauloise
bien misérable.

Deux hommes s'arrêtent pour causer.   Ils sont
habillés d'une robe.   Ces hommes sont des Gaulois.
5 Ils ne ressemblent plus du tout à celui que vous
avez vu auprès de sa maison, au moment où il
allait partir pour la chasse.

Des enfants vont à l'école.   Ils sont sérieux
comme de petits hommes et bien habillés.   Ce sont
10 des petits Gaulois, et je vous disais, l'autre jour,
que les petits Gaulois n'allaient jamais à l'école.

Voilà bien des changements.   Qu'est-ce donc qui
est arrivé ?

Il est arrivé que les Romains sont devenus les
15 maîtres de la Gaule, après les victoires de César.

Les Romains savaient faire beaucoup de choses
que les Gaulois ne savaient pas faire. Mais les
Gaulois étaient très intelligents.   Ils apprirent à
faire tout ce que faisaient les Romains.

20 Alors, ils bâtirent de belles villes.   Ils s'habil-
lèrent comme les Romains.   *Les enfants allèrent
à l'école pour apprendre à lire et à écrire, pour apprendre l'arithmétique et d'autres choses encore.*

6. La belle mort de sainte Blandine. — Il y

25 avait, dans la ville de Lyon, une jeune fille qui
s'appelait *Blandine*.   Elle était domestique chez
une dame riche.

En ce temps-là, la religion chrétienne commençait à être connue dans la Gaule.   Mais les Ro-
30 mains ne voulaient pas permettre cette religion.
Ils traitaient les chrétiens comme des malfaiteurs.

Blandine était chrétienne. Elle fut conduite devant le juge. Il lui demanda comment elle s'appelait. Elle répondit: «*Je suis chrétienne*». Le juge répéta sa question; elle répondit encore: «*Je suis chrétienne*», et jamais ne voulut dire autre chose.

SAINTE BLANDINE VA MOURIR

On la conduisit en prison; on la frappa à coups de fouet. Les bourreaux voulaient lui faire dire qu'elle n'était pas chrétienne, mais la jeune fille, à chaque coup qu'elle recevait, répétait d'une voix tranquille: «*Je suis chrétienne*».   10

Elle fut condamnée à mort, et on la conduisit dans un cirque. Il y avait alors dans les villes des cirques bâtis en pierre, où se donnaient les spectacles. Les cirques étaient très grands. Des milliers de personnes s'y asseyaient sur des gradins de pierre.

Au milieu du cirque, Blandine est debout, liée à un poteau. Elle n'a pas peur. Elle récite des
5 prières.

Un taureau auquel on vient d'ouvrir la porte court vers le poteau, les cornes baissées. Il va se jeter sur Blandine. La jeune fille mourra en disant de sa voix tranquille: « *Je suis chrétienne* ».

10 *Beaucoup de chrétiens et de chrétiennes moururent comme sainte Blandine. On admira leur courage et toute la Gaule devint chrétienne.*

RÉSUMÉ

1. Nos pères, les *Gaulois*, vivaient à peu près comme les peuplades sauvages d'aujourd'hui.

2. Le jour où les prêtres gaulois, les druides, cueillaient le *gui*, était la plus grande fête de l'année.

3. La Gaule fut attaquée par les Romains commandés par *Jules César*.

4. Vercingétorix, le chef des Gaulois, défendit son pays avec courage, mais il fut vaincu à *Alésia*.

5. Les Romains devinrent les maîtres de la Gaule. *Ils apprirent beaucoup de choses aux Gaulois.* De belles villes furent bâties en Gaule.

6. En ce temps, la Gaule devint chrétienne.

Prepare these for Mon.

QUESTIONNAIRE

Comment s'appelait autrefois notre pays ?

En regardant la gravure page 2, dites comment était faite la maison d'un Gaulois.

Dites comment est habillé le Gaulois qui est debout.

Que fait le druide que vous voyez sur la gravure page 3 ?

Par qui la Gaule fut-elle attaquée ? Nommez le chef des Gaulois. Dites comment Vercingétorix était armé.

Regardez la gravure page 6. Expliquez ce que fait Vercingétorix.

Dites ce que les Romains apprirent aux Gaulois.

Racontez la mort de Blandine.

RETOUR D'UNE CHASSE.   GAULOIS PORTANT LE
GIBIER

AU TEMPS DES FRANCS

Une maison à la campagne

Un guerrier   *Femme du peuple*

CHAPITRE DEUX

LES FRANCS EN GAULE

Les Romains restèrent maîtres de la Gaule pendant quatre cents ans.

Ensuite ils furent attaqués par des peuples venus d'Allemagne.

L'un de ces peuples, les Francs, *s'établit dans le nord de la Gaule.*

Les Francs étaient commandés par un roi. Ils le choisissaient dans une famille appelée mérovingienne, *parce qu'un roi célèbre de cette famille s'appelait* Mérovée.

1. Clovis sur le bouclier. — En l'année 481, les Francs choisirent pour roi *Clovis*.

Ils firent alors la cérémonie qu'ils avaient l'habitude de faire quand ils avaient choisi un roi.

5   Quatre hommes mirent un bouclier par terre. Le roi se plaça debout sur le bouclier. Puis ils le soulevèrent jusqu'à leurs épaules.

Le roi Clovis était en grand costume de guerre,
le casque en tête, une lance à la main. Une épée
et un bouclier pendaient à sa ceinture. C'est
ainsi que vous le voyez représenté sur l'image.
Derrière le bouclier, vous apercevez, à moitié 5
cachée, une hache, qu'on appelait *francisque*, c'est-

LE ROI CLOVIS SUR LE BOUCLIER

à-dire arme des Francs. Les Francs se servaient
très bien de la francisque. Ils la lançaient sur
les casques de leurs ennemis et leur fendaient la
tête.   10

Vous voyez que les Francs, autour de Clovis,
frappent leurs lances sur leurs boucliers. C'était
leur façon de dire qu'ils étaient contents.

*Ils étaient contents d'avoir un roi jeune et brave
comme le roi Clovis.*   15

2. Le baptême de Clovis.

— Clovis était païen; il adorait plusieurs dieux. A cause de cela, les Gaulois qui étaient chrétiens ne l'aimaient pas.

Mais il se maria avec une jeune chrétienne, 5 appelée *Clotilde*. Clotilde le pria de se faire bap-

SAINT REMI FAIT LE CATÉCHISME À CLOVIS

tiser. Pendant longtemps, Clovis ne voulut pas l'écouter.

Un jour, il se battait contre un peuple qui était l'ennemi des Francs. Il n'était pas le plus fort. 10 Les Francs commençaient à s'enfuir.

Alors il leva les yeux au ciel, et il dit: « Dieu de Clotilde, si tu me donnes la victoire, je me ferai chrétien. » Il fut vainqueur et il résolut de tenir sa promesse.

15 Saint Remi, évêque de Reims, fit le catéchisme à Clovis. La reine Clotilde assistait aux leçons.

Clovis écoutait bien. L'image vous le représente au moment où l'évêque lui raconte comment Jésus-Christ fut battu de verges et cloué sur la croix.

Clovis est très ému. Il met la main sur la poignée de son épée, et il dit: « Ah! si j'avais été là, les choses ne se seraient pas passées comme cela.»

Quand le roi Clovis sut bien son catéchisme, il fut baptisé dans une église de Reims.

Ce fut une cérémonie magnifique. Tous les cierges étaient allumés. Les prêtres chantaient des cantiques. Et l'encens brûlait dans les encensoirs. Clovis dit que jamais il n'avait rien vu de si beau.

Après son baptême, Clovis devint roi de toute la Gaule. *Dans la suite, la Gaule changea de nom. Elle s'appela la* **France.**

RÉSUMÉ

1. Quatre cents ans après la conquête de la Gaule par les Romains, les *Francs* vinrent s'établir en Gaule. Ils choisirent pour roi *Clovis* en l'année 481.

2. Clovis n'était pas chrétien; mais il épousa une chrétienne, *Clotilde.* Il se fit baptiser et devint maître de toute la Gaule.

QUESTIONNAIRE

En quelle année Clovis devint-il roi des Francs ?

Quelle cérémonie faisaient les Francs quand ils avaient choisi un roi ?

Avec qui se maria Clovis ?

Dites le nom de l'évêque qui fit le catéchisme à Clovis. Que fait-il sur la gravure où vous le voyez, page 14 ?

UN CHAR TRAÎNÉ PAR DES BŒUFS

quatre cents quatre-vingt un

huit cents

AU TEMPS DE CHARLEMAGNE
Une maison dans une ville

Un seigneur   *Une dame*

CHAPITRE TROIS

pour Lundi

LES ROIS CAROLINGIENS

Les descendants de Clovis furent presque tous de mauvais rois.

En l'année 752, les Francs choisirent leurs rois dans une autre famille.

Cette famille s'appelle la famille carolingienne, *c'est-à-dire la* famille de Charles, *un nom que les Francs prononçaient Karl.*

Le roi le plus célèbre de la famille carolingienne fut Charlemagne. *Il fit beaucoup de conquêtes et fut nommé empereur à Rome en l'an 800.*

1. Charlemagne et ses fermiers. — L'empereur Charlemagne était un homme très simple, qui n'aimait pas les grandes cérémonies et ne faisait pas d'embarras.

Il s'habillait ordinairement d'une blouse serrée 5 par une ceinture et de souliers lacés par des bandelettes qui entouraient les jambes.

L'image le représente ainsi vêtu.

Les hommes auxquels il parle sont des fermiers, qui font valoir ses propriétés. Il les a fait venir comme tous les ans à la fête de Noël, pour qu'ils lui
5 rendent leurs comptes, et il leur donne des ordres.

CHARLEMAGNE CAUSE AVEC SES FERMIERS

Il leur dit: « Je ne veux pas que vous maltraitiez les paysans qui travaillent sur mes terres; mais je ne veux pas non plus que ces paysans perdent leur temps, les jours de marché, à boire et à bavarder.
10 « Je veux qu'il y ait dans chaque ferme au moins cent poules, trente oies, des canards, des pigeons.

« Vous ferez préparer proprement le lard, le jambon, les fromages, le beurre et la bière.

« Faites attention aux vendanges. Je ne veux
15 pas qu'on écrase le raisin avec les pieds.

« Surveillez bien mes forêts. Ne laissez pas

couper mes arbres. Ayez soin de mon gibier. Ne le laissez pas tuer par les braconniers.»

Ainsi Charlemagne parlait comme un bon propriétaire. Il se nourrissait du produit de ses terres, que ses fermiers lui envoyaient. Il buvait 5 le vin de ses vignes. C'est pour cela qu'il défen-

CHARLEMAGNE CAUSE AVEC LES ÉVÊQUES ET LES SEIGNEURS

dait aux vendangeurs d'écraser le raisin avec leurs pieds, qui n'étaient pas toujours propres. Il recommandait d'empêcher les braconniers de tuer son gibier parce qu'il était grand chasseur et parce 10 qu'il aimait à manger du gibier.

2. **Charlemagne cause avec les évêques et les seigneurs.** — Mais Charlemagne s'habillait en empereur dans les grandes circonstances.

Il s'asseyait sur un trône, comme vous le voyez 15 sur l'image.

Il portait sur la tête une couronne. Cette couronne était en or. Sa tunique était brodée d'or. Son manteau était attaché à son épaule par une agrafe d'or. Sa main s'appuyait sur une épée dont 5 le pommeau était en or et en pierres précieuses. Ses souliers étaient ornés de pierres précieuses.

A la droite de l'empereur, s'asseyaient les évêques, et à sa gauche, les chefs de son armée.

Charlemagne réunissait ainsi tous les ans des 10 évêques et des chefs francs. Il causait avec eux de tout ce qui se passait dans son empire. Il voulait savoir si les peuples étaient sages et tranquilles.

Un évêque est debout et en train de parler. Il répond à des questions de l'empereur. L'empereur 15 l'écoute avec beaucoup d'attention.

Quand l'empereur Charlemagne avait entendu les évêques et les chefs, il décidait ce qu'il fallait faire pour corriger tout ce qui était mal dans l'empire.

Ses ordres étaient portés dans tous les pays et 20 tout le monde obéissait; *car l'empereur Charlemagne était puissant et sage.*

3. Charlemagne cause avec un instituteur et des élèves. — Vous voyez ici Charlemagne dans une école. Cette école était dans sa maison. Il 25 allait souvent voir comment les élèves travaillaient.

L'instituteur de cette école était un prêtre, car dans ce temps-là les prêtres seuls étaient instruits et capables de donner des leçons.

Le jour de la visite qui est représentée sur l'image, 30 les élèves riches avaient de mauvaises notes, parce qu'ils avaient mal fait leurs devoirs et mal su leurs

leçons. Les enfants pauvres, au contraire, avaient
été bien notés, parce qu'ils avaient bien travaillé.

Alors Charlemagne a fait mettre d'un côté les
enfants pauvres et, de l'autre, les enfants riches.

Il a fait de grands compliments aux enfants 5
pauvres. Il leur a dit que, s'ils continuaient à

CHARLEMAGNE GRONDE LES MAUVAIS ÉLÈVES

bien travailler, il leur donnerait de bonnes places
quand ils seraient grands.

Vous voyez qu'il a l'air fâché en regardant les
enfants riches. 10

Il dit: « Ah! vous croyez que, parce que vous
êtes riches, vous n'avez pas besoin de travailler?
Vous vous trompez. Si vous ne travaillez pas
mieux, jamais de ma vie, je ne vous donnerai rien. »

4. La belle mort de Roland, neveu de Charle-magne. — De vaillants guerriers combattirent sous les ordres de Charlemagne. Le plus célèbre fut *Roland*, qui était neveu de l'empereur.

5   Un jour, l'empereur revenait d'Espagne, où il était allé faire la guerre. Il avait traversé la montagne des Pyrénées. Roland, qui commandait l'arrière-garde, était encore dans la montagne, à l'endroit qu'on nomme *Roncevaux*. Le chemin était étroit. Des deux côtés s'élevaient des rochers, qui semblaient deux hautes murailles.

LA MORT DE ROLAND À RONCEVAUX

Tout à coup, de grosses pierres tombent du haut des rochers sur les guerriers francs. En même temps, tombe une pluie de flèches. C'étaient les enne-
30 mis qui faisaient rouler ces pierres et qui lançaient ces flèches. D'autres ennemis accourent dans le chemin. Les guerriers francs sont en-

tourés de tous les côtés. Ils tombent l'un après
l'autre, morts.

Seul, Roland vivait encore, mais il était blessé,
évanoui.

Un ennemi s'approcha de lui et voulut prendre 5
son épée. Elle était célèbre dans le monde entier,
à cause de la bravoure de Roland. On lui avait
donné un nom: on l'appelait *Durandal*.

Roland sentit qu'on touchait à Durandal. Il
se réveilla, se redressa, et, d'un coup, tua son 10
ennemi.

Mais vous le voyez retombé sur le sol; son
sang coulait; il n'avait plus de forces. Il sentait
venir la mort. Alors Roland pensa dans son
cœur à Charlemagne, son empereur, et à la douce 15
France, sa patrie. Ses yeux se fermèrent. *Il
tenait serrée contre sa poitrine son épée Durandal.*

*Les descendants de Charlemagne se partagèrent son
empire et se battirent les uns contre les autres. Les Normands en profitèrent pour envahir le royaume.*

5. Les hardis Normands. — *Normands*, cela
voulait dire *hommes du Nord*. Ils habitaient dans
les pays qu'on appelle la *Suède*, la *Norvège* et le 20
Danemark.

Chaque année, au printemps, ils se réunissaient
par bandes au bord de la mer. Chaque bande
choisissait un chef qu'on nommait le *roi de mer*.

Ils montaient sur leurs barques et naviguaient 25
vers les côtes de France.

Il ne fait pas bon de naviguer sur ces mers du

Nord.   Le vent souffle avec fureur.   Il soulève
des vagues énormes.

Regardez cette barque normande en haut d'une
vague et d'autres barques au loin.

5 Mais les Normands n'avaient peur ni du vent
ni des vagues.   Au milieu des tempêtes, ils chantaient.

BARQUES NORMANDES DANS LA TEMPÊTE

Ils arrivaient sur les côtes de France, ils entraient dans les fleuves.   Ils regardaient sur la
10 rive droite, ils regardaient sur la rive gauche.

Quand ils apercevaient un village, ou bien un
monastère, ou bien une ferme, ils attachaient
leurs barques au bord du fleuve et descendaient
à terre.   Ils avaient vite fait de tuer les gens.
15 Puis ils prenaient l'argent et tout ce qu'il leur
plaisait d'emporter, retournaient à leurs barques,
et les remplissaient de ce qu'ils avaient volé.

6. Une ruse du Normand Hastings. — Il était plus difficile aux Normands d'entrer dans les villes, parce qu'elles étaient entourées de murailles.

Un jour, un roi de mer, appelé Hastings, arrive auprès d'une ville. Les murailles étaient hautes 5 et les portes étaient solides et bien fermées. Hastings vit bien qu'il ne pourrait jamais la prendre. Alors il eut une idée. Il envoya dire à l'évêque qu'il était mort, et qu'avant de mourir il avait demandé à être enterré dans l'église. 10

L'évêque crut à ce mensonge et donna l'ordre de laisser entrer le cercueil avec le cortège qui l'accompagnait.

Hastings se mit tout vivant dans le cercueil. Des Normands le portaient; d'autres suivaient. 15 Ils faisaient semblant d'être désolés d'avoir perdu leur chef.

Ils entrèrent dans la ville et ils allèrent à l'église. L'évêque se mit à bénir le cercueil.

Mais, tout à coup, le cercueil s'ouvre. Hastings 20 en sort tenant une hache dans sa main. Les Normands se mettent à frapper de tous les côtés. Puis ils courent dans les rues, pillent les maisons et tuent les gens.

Les Normands firent beaucoup de mal dans le 25 *royaume de France.*

RÉSUMÉ

1. En 752, les Francs choisirent leurs rois dans la famille *carolingienne.* Le plus grand roi de cette famille fut *Charlemagne.* Il fut fait empereur en l'an 800.

2. Charlemagne, avant de donner des ordres, demandait conseil à des gens sages; aussi *il gouverna très bien*.

3. Charlemagne *aimait les écoliers travailleurs;* il mit une école dans sa maison; il allait la voir souvent.

4. Charlemagne fit beaucoup de guerres. C'est dans une guerre en Espagne que son neveu *Roland* fut tué après avoir bravement combattu à Roncevaux.

5. Après la mort de Charlemagne les *Normands* vinrent en France sur des barques. Ils pillèrent beaucoup de pays et tuèrent beaucoup de gens.

6. Le Normand *Hastings* prit une ville par ruse.

QUESTIONNAIRE

Que veut dire le mot carolingien?

En quelle année Charlemagne devint-il empereur?

Regardez l'image page 18, et dites comment Charlemagne était ordinairement habillé.

Regardez l'image page 19, et dites comment Charlemagne s'habillait dans les cérémonies.

Racontez la visite de Charlemagne à l'école. Que dit-il aux enfants riches?

Racontez comment Roland fut attaqué dans la montagne. Racontez comment Roland mourut.

D'où venaient les Normands? Que venaient-ils faire en France?

Racontez comment fit Hastings pour prendre une ville.

UNE BARQUE NORMANDE

AU TEMPS DES SEIGNEURS

Enfants jouant au tournoi

LIVRE DEUX

LA FRANCE, DEPUIS LE TEMPS DES CAROLIN-GIENS JUSQU'A LA MORT DE SAINT LOUIS

CHAPITRE QUATRE

LES CHATEAUX ET LES SEIGNEURS

Pendant que les Normands ravageaient la France, les habitants des campagnes n'étaient jamais tranquilles. Ils ne savaient où se cacher quand les barques arrivaient.

Mais il y avait dans les campagnes des hommes beaucoup plus riches que les autres. Ils possédaient beaucoup de terres et ils avaient des gens pour les servir. On les appelait les seigneurs *ou les* nobles.

Les seigneurs firent bâtir des châteaux pour se défendre contre les Normands.

1. Un château. — Tournez la page: vous trouverez une image qui représente un château. Regardez-la bien.

En bas, vous voyez d'abord un fossé, et, sur ce fossé, un pont, puis, au bout du pont, une porte. Ensuite, vous voyez un mur, et, dans ce mur, des tours qui le dépassent en hauteur. Vous
5 voyez aussi une tour plus haute que tout le reste.

UN CHÂTEAU

Reprenons toutes ces choses-là une à une.

Le fossé est large, profond et plein d'eau.

Le pont est en bois, il n'est pas fixé. Les gens qui sont dans le château peuvent le relever contre
10 la porte, en le tirant par des chaînes.

Le mur est très haut et il est très large. Plusieurs personnes s'y promèneraient de front sans être gênées.

Derrière ce mur, vous apercevez une cour; c'est dans cette cour que s'élève la tour la plus haute. Cette tour s'appelle le *donjon*. C'est dans le don- 5 jon que le seigneur habite.

2. Le château est bien difficile à prendre. — Supposons maintenant que des ennemis veulent attaquer le château.

Ils arrivent au bord du fossé; mais le seigneur 10 a fait relever le pont. Pas moyen de passer.

Il faut remplir le fossé en y jetant de la terre, des fagots, tout ce qu'on pourra. Après cela il faudra attaquer la porte à coups de hache, ou dresser des échelles contre le mur pour essayer de monter dessus. 15

Mais les soldats du seigneur se placeront sur le mur et en haut des tours. Ils tireront des flèches sur les ennemis, ou bien ils leur verseront sur la tête de l'huile bouillante ou du plomb fondu.

Si les ennemis réussissent tout de même à briser 20 la porte, ils entreront dans la cour.

Alors ils attaqueront le donjon; mais, autour du donjon, il y a aussi un fossé, une porte bien fermée.

Il était très difficile de prendre un château. *Le seigneur était tranquille derrière ses fossés et ses* 25 *murs. Il pouvait se défendre contre les Normands et contre n'importe qui.*

3. Le seigneur s'ennuie; il chasse. — Mais comme c'était triste de vivre dans un château pareil! On était comme dans une prison, derrière 30 ces murs, si hauts, si épais, sans fenêtres. Quand on se trouvait dans la cour, on ne voyait que ces murs, des pierres et toujours des pierres. Pour découvrir un peu de pays, il fallait monter sur les murs ou bien en haut du donjon.

Aussi le seigneur s'ennuyait. Pour se distraire, il allait souvent à la chasse.

Il chassait les grosses bêtes, le cerf, le loup, le sanglier. Sa femme et ses enfants, ses domestiques l'accompagnaient. Ils couraient à cheval à travers les champs et les bois.

LA CHASSE AU FAUCON

Les chiens aboyaient autour d'eux. Des valets
25 soufflaient dans des cors de chasse. C'était comme un tourbillon qui passait.

Il y avait une chasse qui plaisait beaucoup aux dames: c'est la chasse aux oiseaux que l'image représente. Regardez la dame. Elle porte sur le
30 poignet un oiseau. C'est un oiseau de proie, c'est-à-dire un oiseau qui attaque et tue les oiseaux plus faibles que lui. On l'appelle un *faucon*.

Quand la dame verra une perdrix, elle lâchera
le faucon, qui s'envolera vers la perdrix, la prendra
dans ses griffes et la rapportera.

Regardez maintenant le seigneur; il avait tout à
l'heure un faucon sur le poignet; mais il l'a lâché, 5
et le faucon va prendre une perdrix et la rapporter.

C'était un grand amusement pour le seigneur de
dresser les faucons pour cette chasse, et de les
regarder voler.

4. Le seigneur entend raconter une très belle 10
histoire. — L'image vous montre un homme de-

UN TROUVÈRE RACONTE L'HISTOIRE DE ROLAND

bout. Cet homme est un *trouvère*. Son métier
est d'aller dans les châteaux pour réciter des his-

toires en s'accompagnant d'un instrument de musique. Devant lui, sont assis le seigneur, sa femme et leurs enfants. Les parents et les amis qu'ils ont invités emplissent la grande salle.

5 Tout ce monde écoute avec attention. Le seigneur a le coude sur le genou et le menton dans la main. La dame tient la tête haute et ouvre de grands yeux. Derrière elle, un jeune homme se lève et se penche pour mieux écouter.

10 C'est qu'elle est bien belle, l'histoire que récite le trouvère! Vous la connaissez: c'est l'histoire du neveu de Charlemagne, Roland, qui mourut à Roncevaux, tenant serrée contre sa poitrine sa bonne épée Durandal.

15 Les seigneurs aimaient les histoires comme celle-là, où l'on racontait les beaux coups de lance ou d'épée donnés dans les batailles; car *ils étaient braves et ils aimaient la guerre par-dessus toutes choses.*

20 **5. L'armement du chevalier.** — Depuis son enfance, le seigneur était préparé à la guerre. Il n'apprenait pas à lire ni à écrire. Il apprenait à tirer de l'arc, à se servir de l'épée, de la lance et de la hache, à sauter les fossés, à escalader des murs, 25 à monter à cheval.

Il apprenait à n'avoir peur de rien.

Quand il avait vingt et un ans, il devenait *chevalier* après une grande cérémonie.

Il commençait par passer la nuit en prières dans 30 la chapelle du château. Quand le jour était venu, il assistait à une grand'messe.

Après la messe, il y avait un grand dîner, qui durait longtemps, car on mangeait et on buvait en ce temps-là beaucoup plus qu'aujourd'hui.

Après le dîner, toute la compagnie sortait dans la cour. Alors on mettait au jeune homme sa ₅

LA TAPE SUR LE COU

cuirasse et son casque; on lui donnait son épée.

L'image vous le montre au moment où il vient de recevoir ses armes. Il est à genoux devant un seigneur qui va lui donner une tape sur le cou. C'est pour savoir s'il est fort et solide. Ensuite ₁₀ le seigneur lui touchera l'épaule avec son épée en disant: «Je te fais chevalier!»

C'était un honneur de devenir chevalier. Un bon chevalier devait ne jamais mentir, ne faire de mal à personne, protéger les enfants, les femmes et les vieillards. Il devait aussi ne jamais reculer devant l'ennemi.

6. Les tournois. — Les chevaliers s'amusaient à lutter les uns contre les autres. Ces luttes

UN TOURNOI

s'appelaient des *tournois*. L'image vous montre un tournoi entre deux chevaliers.

5   Au fond, vous apercevez le château avec ses tours, et, plus près, une grande tribune où sont assis les parents et les amis des deux chevaliers.

Pour voir comment les chevaliers sont armés, regardez celui de droite. Il a un casque qui lui couvre la tête. Il tient une longue lance d'une main, et, de l'autre, un bouclier qui lui couvre l'épaule. Il a une cuirasse de fer qui lui enveloppe la poitrine et les reins. Ses jambes sont entourées de fer.

Des chevaliers ainsi couverts de fer ne pouvaient pas se faire beaucoup de mal. Les lances ne perçaient pas les cuirasses. Mais le plus fort des deux pouvait, en poussant vigoureusement sa lance sur la poitrine de l'autre, le faire tomber.

Vous voyez qu'un des deux chevaliers va tomber. Quand il sera par terre, le tournoi sera fini.

Alors le vainqueur conduira son cheval vers l'estrade où sont réunis les parents et amis que l'on a invités au tournoi. On applaudira. Les trompettes sonneront. Une dame remettra au chevalier vainqueur un prix qui sera une fleur ou un bijou.

En luttant ainsi dans les tournois, les seigneurs se préparaient pour la vraie guerre.

7. Les méchantes guerres des seigneurs. — Les seigneurs ont combattu vaillamment sous les ordres du roi contre les ennemis du royaume. Leur plus grand plaisir était de se battre. Malheureusement ils se faisaient souvent la guerre les uns aux autres.

Vous voyez des paysans qui se sauvent de leur village. Ils ont peur, parce qu'ils ont vu venir des soldats que vous apercevez au loin.

Ces soldats ont été envoyés par un seigneur qui est en guerre avec le seigneur de ces pauvres gens.

Les pauvres gens savaient ce qui arrivait quand
5 des soldats ennemis entraient dans un village. Ils prenaient dans les maisons et dans les granges

PAYSANS QUI SE SAUVENT EN VOYANT ARRIVER DES SOLDATS

tout ce qu'ils pouvaient emporter. Ils emmenaient les chevaux et le bétail.

Souvent ils maltraitaient les paysans, et ils
10 mettaient le feu au village.

C'est pourquoi les pauvres gens que l'image vous montre se sauvent. Ils emportent les enfants. Ils poussent devant eux leur bétail.

Ils courent vers un bois pour se cacher.

15 *Ces guerres des seigneurs ont fait bien du mal dans tous les pays de France.*

RÉSUMÉ

1. Pour se défendre contre les Normands, les seigneurs bâtirent des *châteaux* entourés de fossés avec de grands murs et de grosses tours.

2. Il était très difficile aux ennemis de prendre les châteaux, aussi les seigneurs étaient très tranquilles derrière leurs murs et leurs tours.

3. Le château n'était *pas gai à habiter;* pour se distraire le seigneur allait souvent à la *chasse.*

4. Pour se distraire encore, le seigneur faisait venir des *trouvères* qui récitaient de belles histoires.

5. Les jeunes seigneurs n'apprenaient rien autre qu'à se battre. Quand ils avaient vingt et un ans, on les faisait *chevaliers* et ils promettaient d'être bons et braves.

6. Pour s'amuser, les seigneurs couverts d'*armures de fer* luttaient les uns contre les autres dans des *tournois.*

7. Les seigneurs se faisaient souvent la guerre. Le vainqueur ravageait les terres de l'ennemi, incendiait les maisons, tuait les paysans.

QUESTIONNAIRE

Pourquoi les seigneurs construisirent-ils des châteaux ? Regardez l'image page 28. Comment est fait le pont qui permet d'entrer dans le château ? Comment sont les murs ? Qu'est-ce que le donjon ?

Comment les ennemis cherchaient-ils à entrer dans le château ? Comment se défendaient les gens du château ?

Pourquoi était-ce triste d'habiter les châteaux ? Que faisait le seigneur pour se distraire ?

Regardez l'image page 30. Comment se faisait la chasse au faucon ?

Regardez l'image page 31. Qu'est-ce que c'était qu'un trouvère ? Quelle histoire récite le trouvère que vous voyez ?

Qu'est-ce qu'on apprenait aux jeunes seigneurs?

Regardez l'image de la page 33. Que va faire le seigneur qui lève le bras?

Qu'est-ce que devait faire un bon chevalier?

Regardez l'image de la page

34. Dites comment est armé le chevalier de droite.

Comment a-t-il fait pour renverser l'autre chevalier?

Regardez l'image page 36. Pourquoi ces gens-là se sauvent-ils?

UN SEIGNEUR VOYAGEANT DANS UNE LITIÈRE

AU TEMPS OÙ LES VILLES
DEVINRENT LIBRES
Un hôtel de ville

Un bourgeois   *Une bourgeoise*

CHAPITRE CINQ

LES PAYSANS ET LES BOURGEOIS

1. La misère des paysans. — Les paysans
étaient très malheureux même quand leurs seigneurs ne faisaient pas la guerre.

Les terres qu'ils cultivaient appartenaient au
seigneur du village.   5

Le seigneur pouvait leur demander autant d'argent qu'il voulait.

Quand le seigneur faisait bâtir, ou bien réparer
un chemin, il ne prenait pas d'ouvriers. Il envoyait
chercher des paysans, et les faisait travailler pour 10
lui, sans les payer. Ce travail-là s'appelait la *corvée*.

Vous avez vu que le seigneur aimait beaucoup
la chasse. Il voulait avoir beaucoup de gibier sur
ses terres. Ce gibier mangeait les récoltes. Les
paysans n'avaient pas le droit de le détruire. Un 15
paysan qui tuait un lièvre risquait d'être pendu.

Le seigneur pouvait battre les paysans et les mettre en prison quand cela lui faisait plaisir.

Si un paysan se trouvait trop malheureux, il n'avait pas le droit de s'en aller ailleurs. S'il s'en 5 allait, le seigneur le faisait poursuivre et ramener.

Les paysans appartenaient donc au seigneur. La preuve c'est que, quand le seigneur vendait ses terres, il vendait ses paysans avec.

Ainsi les paysans dans ce temps-là étaient traités 10 *à peu près comme des bêtes.*

2. Une révolte de paysans. — Un jour, un paysan dit à ses camarades:

«Camarades, nous sommes trop malheureux! Nos

seigneurs nous traitent comme des chiens. Et pourtant nous sommes des hommes aussi bien qu'eux. Comme eux, nous avons un cœur dans la poitrine. Et notre cœur est aussi bon que le leur. Voulez-vous que tous les paysans se réunissent pour faire la guerre aux méchants seigneurs?»

Les pauvres gens répondirent qu'ils le voulaient. Ils se séparèrent.

DES PAYSANS SE RÉUNISSENT POUR FAIRE LA GUERRE AU SEIGNEUR

Chacun d'eux s'en alla 30 dans des villages causer avec des paysans. Ils leur dirent de se réunir un jour dans un bois qu'ils indiquèrent.

Vous voyez les paysans arriver dans ce bois. Ils sont armés de faux, de fléaux à battre le blé ou de gros bâtons. Qu'est-ce qu'ils pouvaient faire contre des seigneurs coiffés de leurs casques de fer, protégés par leurs cuirasses, armés d'épées 5 et de lances ? Pourtant, ils se choisirent un chef et ils commencèrent la guerre contre les seigneurs.

Les seigneurs tuèrent un grand nombre de ces malheureux. A d'autres, ils crevèrent les yeux ou coupèrent les poignets. Puis ils les renvoyèrent 10 dans leurs villages, pour faire peur à ceux qui auraient envie de se révolter.

Et les pauvres paysans continuèrent à souffrir de leurs grandes misères.

3. Les villes. — Les habitants des villes, qu'on 15 appelait des *bourgeois*, étaient plus heureux que ceux des campagnes.

Les seigneurs n'osaient pas les maltraiter comme ils maltraitaient les paysans.

Dans beaucoup de villages, les paysans habitaient 20 des maisons éloignées les unes des autres. Ils ne se connaissaient guère et ils n'aimaient pas à causer.

Les bourgeois habitaient les uns tout près des autres. Ils se rencontraient à chaque instant dans les rues. Ils aimaient à causer entre eux.   25

Ils s'entendirent pour ne pas se laisser maltraiter par leur seigneur. Ils lui promirent de lui donner chaque année une bonne somme d'argent, à condition qu'il les laisserait tranquilles pour tout le reste.

Les villes pouvaient se défendre contre leurs 30 seigneurs, car elles étaient entourées de murs.

L'image vous montre la ville de *Carcassonne*.

Vous voyez d'abord un premier mur bas, avec des tours de distance en distance; puis, un second mur, plus haut, et encore des tours. Regardez à 5 gauche. Vous apercevez une entrée très étroite. Elle est défendue par des tours. Derrière, il y a une seconde entrée que vous ne voyez pas. Elle est entre les plus grandes tours.

LES MURS DE LA VILLE DE CARCASSONNE

Pour défendre leur ville, les habitants étaient 10 soldats. Le maire de la ville les commandait.

Une ville ainsi fortifiée était aussi difficile à prendre qu'un château de seigneurs. *Aussi les bourgeois n'avaient pas peur des soldats de leur seigneur.*

4. Une rue de ville. — Il n'y avait pas de rues 15 larges dans les villes de ce temps-là. Toutes les rues étaient très étroites.

Les maisons étaient drôlement bâties. Le premier étage avançait au-dessus du rez-de-chaussée. Les rues se trouvaient encore plus étroites dans le

haut que dans le bas. D'une maison à l'autre,
on pouvait se donner une poignée de main. Aussi
les rues étaient sombres; c'est à peine si l'on y
voyait à midi un rayon de soleil. Beaucoup de

UNE RUE DE VILLE

maisons étaient en bois, comme celles que vous ₅
apercevez à droite de l'image.

Presque chaque maison avait sa boutique au
rez-de-chaussée et son enseigne. A la maison de
droite, l'enseigne est une roue. Elle annonce la
boutique du charron, qui travaille devant la porte. ₁₀

Vous voyez à gauche le clocher d'une église. Les églises des villes étaient très belles. Les villes avaient aussi de très beaux hôtels de ville.

Mais regardez les chiens qui fouillent des tas 5 d'ordures. Elles n'étaient pas propres, les rues. Les habitants y jetaient tout ce qui les gênait. Il n'y avait pas de balayeurs pour enlever les ordures.

Les rues n'étaient pas éclairées la nuit. C'était très commode pour les voleurs.

10   **5. Un jour de foire.** — Dans les grandes villes, il y avait tous les ans des foires où les marchands venaient de France et des pays étrangers.

Il venait des marchands d'étoffes, de vêtements tout faits, de chaussures, de fourrures, de mer-15 cerie, d'ustensiles de fer ou de cuivre, d'armes, de sellerie, de bijoux en argent ou en or. Il venait aussi des marchands de bestiaux, et des cabaretiers qui vendaient à boire et à manger.

La ville était très animée pendant la foire. 20 L'image, page 45, vous montre la grand'place où travaillent les saltimbanques.

Les uns courent sur des échasses; d'autres marchent sur des cordes raides; d'autres font travailler des chiens savants. Les enfants s'amusaient en les 25 regardant.

On venait de loin aux foires pour faire ses provisions de toutes sortes de choses, parce que dans ce temps-là, ce n'était pas comme aujourd'hui. Aujourd'hui, quand on ne trouve pas chez soi ce 30 dont on a besoin, on le fait venir par la poste ou par le chemin de fer. *C'était dans les foires que se faisait autrefois le grand commerce.*

UNE GRANDE PLACE UN JOUR DE FOIRE

RÉSUMÉ

1. Au temps des seigneurs, les *paysans* étaient malheureux; ils devaient faire toutes les volontés de leurs maîtres et ils étaient *maltraités*.

2. Quelquefois les paysans *se révoltaient* contre les seigneurs, mais ils étaient presque toujours vaincus; alors on les tuait ou on les torturait.

3. Au temps des seigneurs, *les habitants des villes* étaient moins malheureux que les paysans. Les villes avaient des murailles pour *se défendre* contre les seigneurs.

4. Les villes avaient de beaux monuments, mais les rues étaient étroites, sombres et malpropres.

5. Dans les villes il y avait de grandes *foires* où venaient toutes sortes de marchands et de saltimbanques.

QUESTIONNAIRE

A qui appartenaient les terres que les paysans cultivaient?

Qu'est-ce que c'était que la corvée? Comment les paysans étaient-ils traités par leurs seigneurs?

Qu'est-ce que faisaient quelquefois les paysans quand leurs seigneurs étaient trop méchants?

Regardez l'image page 40.

Comment les paysans sont-ils armés? Que vont-ils faire?

Pourquoi les villes pouvaient-elles se défendre contre leurs seigneurs?

Comment étaient les rues des villes? Pourquoi n'y voyait-on pas le soleil? Les rues étaient-elles propres?

Dites tout ce que vous voyez sur l'image de la page 45.

Qu'allait-on faire à la foire?

UN SEIGNEUR ET SA DAME VOYAGEANT À CHEVAL

AU TEMPS DES CROISADES

Jérusalem

Un pèlerin   *Un évêque*

CHAPITRE SIX

LES CROISADES

1. Pierre l'Ermite et le pape prêchent la croisade. — En ce temps-là, beaucoup de chrétiens s'en allaient en pèlerinage à Jérusalem pour prier auprès du tombeau de Jésus-Christ.

Jérusalem appartenait aux Turcs, et les Turcs 5 maltraitaient les chrétiens. Ils les battaient, leur prenaient leur argent et les mettaient en prison. Quelquefois même, ils les tuaient.

Un moine appelé *Pierre l'Ermite* fit le voyage de Jérusalem; il revint en France, et il raconta les 10 méchancetés des Turcs. Il alla de village en village et de ville en ville. Il marchait nu-pieds, habillé d'une longue robe à capuchon.

Ceux qui l'entendaient pleuraient et disaient qu'il fallait aller à Jérusalem pour en chasser les Turcs. 15

Quelque temps après, le pape vint en France. Il passa quelques jours à Clermont en Auvergne.

Une grande foule de seigneurs et de pauvres gens
accourut pour le voir.

L'image vous représente le pape au moment où
il parle à la foule. Il est debout sur une grande
5 estrade. Il tient d'une main la croix; il étend
l'autre main vers la foule. Derrière lui sont assis
les évêques. Au fond, on aperçoit les montagnes
d'Auvergne.

LE PAPE PRÊCHE LA CROISADE À CLERMONT

Le pape raconta les misères des chrétiens et les
10 méchancetés des Turcs. Il termina en disant:
« Français, vous êtes la plus brave des nations!
C'est vous qui chasserez les Turcs de Jérusalem! »

Quand le pape eut fini de parler, la foule l'ac-
clama. Les bras se levaient vers lui. Un grand
15 cri fut répété par tout le monde: «Partons! Dieu
le veut! Dieu le veut!»

Des hommes, des femmes, mirent sur leur poitrine des morceaux d'étoffe taillés en forme de croix. C'est pour cela que l'on appela *croisés* ceux qui partirent pour Jérusalem et *croisades* les guerres que les chrétiens firent aux Turcs. 5

2. La croisade des pauvres gens. — Regardez cette rue de village. Des paysans mettent dans

PAYSANS QUI SE PRÉPARENT POUR LE GRAND VOYAGE

un chariot attelé de bœufs des provisions pour la route. Un vieillard, qui porte une croix sur l'épaule et marche à côté d'un enfant, va s'asseoir 10 dans le chariot.

D'autres paysans sont assemblés près de l'église. Le curé leur parle et les bénit.

Ces paysans s'apprêtent à partir pour le grand voyage vers Jérusalem.

5 Quand la troupe d'un village était prête, elle partait joyeuse en chantant. Des musiciens jouaient de leurs instruments.

Toutes ces troupes se réunirent, et ce fut une armée de plus de cent mille hommes. Pierre 10 l'Ermite les commandait.

Les pauvres gens ne savaient pas qu'il faudrait marcher longtemps, longtemps, avant d'arriver. Quand ils apercevaient une ville, ils demandaient si c'était Jérusalem.

15 Ils marchèrent pendant des mois et des mois.

Ils arrivèrent au bout de la France. Ils traversèrent l'Allemagne, puis d'autres pays encore. Beaucoup moururent en chemin, de maladie, de fatigue ou de misère. Les survivants arrivèrent 20 au bout de l'Europe, à Constantinople.

Ces pauvres gens passèrent ensuite sur des barques le bras de mer qui sépare l'Europe de l'Asie.

Arrivés en Asie, ils furent attaqués par les Turcs, qui les massacrèrent presque tous. Aucun d'eux 25 ne vit Jérusalem.

Presque aucun d'eux ne revit le village d'où il était parti joyeux et chantant.

3. La croisade des seigneurs. — Les seigneurs ne partirent qu'un peu plus tard pour Jérusalem. 30 *Godefroy de Bouillon*, duc de *Lorraine*, les commandait.

Arrivés en Asie, ils eurent beaucoup à souffrir. Les Turcs avaient ravagé le pays; les croisés ne trouvaient pas de quoi se nourrir.

Presque tous les chevaux périrent. Des chevaliers montèrent alors sur des bœufs. On mit des bagages sur le dos des moutons, des chiens et des porcs.

CROISÉS MOURANT DE SOIF DANS UN DÉSERT

Pendant plusieurs jours, il fallut traverser un désert sans eau. Les croisés eurent horriblement soif. Vous en voyez qui sont couchés sur le sable; ils le grattent avec leurs mains pour trouver en dessous un sol un peu plus frais; ils y collent leurs lèvres pour les rafraîchir.

Enfin, un jour de l'année 1099, ceux qui marchaient les premiers arrivèrent devant Jérusalem. Ils eurent une grande joie; ils crièrent: « Jérusalem! Jérusalem!» C'était Jérusalem en effet.

Ils attaquèrent la ville que les Turcs défendaient. Ils y entrèrent. Ils tuèrent des milliers de Turcs dont le sang coula comme une rivière, et ils allèrent s'agenouiller devant le tombeau de
5 Jésus-Christ.

Alors Godefroy de Bouillon devint roi de Jérusalem. Mais les Turcs attaquèrent ce royaume. Ils finirent par reprendre Jérusalem. Toute la peine que les croisés s'étaient donnée fut perdue.

Mais les chevaliers de France avaient bravement combattu. Aujourd'hui encore on se souvient de leur bravoure dans ces pays-là.

RÉSUMÉ

1. Les *Turcs* faisaient des misères aux chrétiens qui allaient à Jérusalem voir le tombeau du Christ. Alors le pape et *Pierre l'Ermite* dirent aux chrétiens d'aller prendre *Jérusalem*.

2. Une armée de paysans partit pour Jérusalem, mais elle ne put aller jusque-là. Elle périt en route.

3. Une armée de seigneurs commandée par *Godefroy de Bouillon* partit ensuite; elle mit trois ans pour arriver à Jérusalem et souffrit beaucoup en chemin; elle prit la ville en 1099. On appelle ces guerres des *croisades*.

QUESTIONNAIRE

Pourquoi beaucoup de chrétiens allaient-ils à Jérusalem ? Quelles misères leur faisaient les Turcs ? Regardez l'image page 48; où est le pape ? Qu'est-ce que crie la foule ?

Expliquez le mot croisades. Regardez l'image page 49. Que font les gens que vous voyez ? Pourquoi les paysans ne purent-ils pas arriver jusqu'à Jérusalem ?

Qui est-ce qui commandait l'armée des seigneurs ?

Quelles furent les souffrances des seigneurs dans le désert ?

En quelle année prirent-ils Jérusalem ? Gardèrent-ils Jérusalem longtemps ?

AU TEMPS DES CAPÉTIENS

Palais de justice à Paris

*Roi en costume
de guerrier*

*Roi en costume
de juge*

CHAPITRE SEPT

TROIS BONS ROIS DE FRANCE

*Vous avez vu que les descendants de Charlemagne furent
de mauvais rois. Aussi, en l'année 987, les Francs choi-
sirent-ils leurs rois dans une autre famille. Le premier
roi de cette famille s'appela Hugues Capet. C'est pourquoi
cette famille s'appelle les* Capétiens.

*Il ne fut guère obéi dans le royaume, parce qu'il y avait
partout des seigneurs qui faisaient tout ce qu'ils voulaient.*

Mais bientôt, il y eut des rois qui se firent obéir.

**1. Louis le Gros fait la guerre aux méchants
seigneurs.** — Le premier de ces rois fut Louis six,
appelé le Gros parce qu'il devint gros de bonne
heure. Cela ne l'empêchait pas de monter à cheval
5 et de bien faire la guerre.

Il fit la guerre aux méchants seigneurs. Un des plus méchants était le seigneur du *Puiset,* près de Paris.

C'était un vrai brigand. Il maltraitait les pay-sans et les curés des villages. Il arrêtait les gens qui pas-saient sur les routes pour leur prendre leur argent.

Le roi Louis le Gros décida de détruire le châ-teau. Il réunit une armée, où il y avait des cheva-liers et aussi des paysans comman-dés par leurs curés. La bataille dura longtemps. Il y avait à un endroit

LA BRAVOURE DU VIEUX PRÊTRE À L'ATTAQUE DU PUISET

une palissade faite avec de gros pieux plantés en terre, qui barrait la route aux soldats du roi.

Plusieurs soldats avaient été tués. Les autres, 25 qui étaient fatigués, n'osaient plus avancer.

Alors un prêtre marcha vers la palissade. C'é-tait un vieil homme qui n'avait plus de cheveux; mais il était brave et fort.

Vous le voyez sur l'image arrachant les pieux, 30 il a fait une trouée. Les soldats qui le regardaient reprirent courage. Ils passèrent par la trouée.

Le méchant seigneur fut pris. Le roi Louis
fit démolir le château du Puiset et les habitants
du pays furent bien contents.

Les pauvres gens aimèrent le roi Louis, parce
5 *qu'il punissait les seigneurs qui leur faisaient*
beaucoup de mal.

2. La grande victoire du roi Philippe-Auguste.
— Le roi Philippe-Auguste fut un roi très habile
et très brave. Il remporta une grande victoire
10 sur *Otton,* l'empereur d'Allemagne.

PHILIPPE-AUGUSTE PAR TERRE, PENDANT LA BATAILLE DE BOUVINES

Otton était entré en France avec une grande
armée. Il voulait prendre Paris.

Philippe-Auguste alla au-devant de lui. Il le

rencontra près de *Bouvines*, un village pas loin
de la ville de Lille.

Devant le roi, un chevalier portait un grand
drapeau de soie rouge, que les rois de France faisaient toujours placer devant eux dans les batailles. 5
Ce drapeau s'appelait l'*oriflamme*.

Le roi s'élança bravement parmi les ennemis.
Un moment des soldats d'Otton l'entourèrent; ils
le tirèrent de toutes leurs forces, et le firent tomber
de son cheval. Vous le voyez par terre. Les en- 10
nemis frappent sur son armure. Le roi de France
était en danger de mort.

Mais le chevalier qui tient l'oriflamme l'élève
très haut. Il crie de toutes ses forces: «Au
secours, au secours du roi!» Et les Français 15
accourent et ils délivrent le roi.

Philippe-Auguste remonta sur son cheval. Les
Français furent vainqueurs. L'empereur Otton
s'enfuit au grand galop pour retourner dans son
pays.   20

C'est en l'année 1214 que Philippe-Auguste remporta cette belle victoire.

Quand il retourna vers Paris, on lui fit fête
sur toute la route. Les paysans étaient occupés
à moissonner. Mais, dès qu'ils voyaient arriver la 25
troupe, ils couraient au bord du chemin en criant:
«Vive le roi!»

Quand le roi passait par une ville, les habitants
jetaient des fleurs devant lui. Les cloches des églises
sonnaient. Tout le monde criait: «Vive le roi!»   30

Les Parisiens sortirent en foule au-devant de
lui et crièrent aussi: «Vive le roi!»

Dans toute la ville, on chanta, on dansa. La nuit, on alluma des torches et des lanternes, et l'on vit aussi clair qu'en plein jour.

Les fêtes durèrent huit jours. Pendant ce 5 temps-là, on ne fit pas la classe, et les écoliers s'amusèrent.

Les Français aimèrent le roi Philippe-Auguste parce qu'il avait battu les Allemands qui avaient attaqué le royaume de France.

SAINT LOUIS PRENANT UNE LEÇON

D'après CHARTRAN. Fresque de la Sorbonne, photog. Noyer

3. La gentillesse et la charité de Saint Louis. — Saint Louis était un petit enfant quand il perdit son père et devint roi. En attendant qu'il fût grand, sa mère, Blanche de Castille, gouverna le royaume.

Blanche de Castille était très pieuse, et elle disait à son fils qu'il vaut mieux mourir que de commettre un péché.

Le petit roi avait une jolie figure, de grands yeux bleus, une longue chevelure blonde. On aurait dit une petite fille.

30 L'image vous le montre au moment où il prend une leçon. Le maître, qui est un moine, lui parle;

lui, il écoute avec attention. Il était très obéis-
sant et travaillait bien.

Saint Louis fut un homme très charitable.
Souvent il allait visiter les pauvres malades à
l'Hôtel-Dieu. Il n'avait pas peur de gagner leur 5
mal. Les plaies les plus vilaines ne le dégou-
taient pas; il les soignait de ses mains.

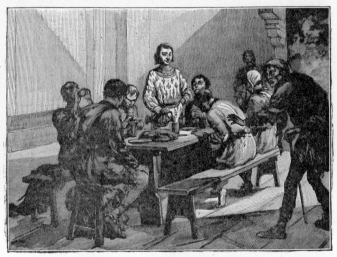

SAINT LOUIS SERT À TABLE DES AVEUGLES

Jamais il ne refusait une aumône. Les pauvres
étaient toujours bien reçus dans son palais. Il
leur faisait donner à manger.   10

Quelquefois il les servait lui-même, comme vous
voyez par l'image.

Ce jour-là, c'étaient des aveugles qui étaient
réunis autour de la table. Le roi est debout et
verse à boire. Un aveugle arrive: il a le bras 15

étendu, comme font les aveugles qui cherchent
leur chemin. Saint Louis aimait mieux servir les
aveugles que les autres pauvres, parce que les
aveugles ne le voyaient pas. Ils ne savaient
5 pas que c'était le roi qui les servait. Il défendait
de le leur dire. *Saint Louis cachait ses charités
autant qu'il pouvait.*

4. La justice de Saint Louis. — Saint Louis
défendait à ses sujets de faire du mal les uns aux
autres.

Vous le voyez
assis sur les marches
de la Sainte-Cha-
pelle. Saint Louis
avait fait bâtir cette
chapelle dans son
palais.

Il est là, sans céré-
monie. On a seule-
ment mis un tapis sur
les marches pour qu'il
puisse s'asseoir. Il
est coiffé d'un cha-
peron; sur sa robe
sont brodées des
fleurs de lys.

SAINT LOUIS ASSIS SUR LES MARCHES
DE LA SAINTE-CHAPELLE POUR JUGER

Devant lui deux
hommes se tiennent
debout. Un de ces hommes parle au roi. Il se
plaint de l'autre homme. Le roi écoute sa plainte.
30 Tout à l'heure il écoutera l'autre avec autant
d'attention. Quand il les aura entendus tous les

deux, il prononcera son jugement, c'est-à-dire qu'il dira lequel a tort et lequel a raison.

Dans ce temps-là, les seigneurs ne se gênaient pas pour faire tort aux pauvres gens. Ils croyaient que personne n'avait le droit de les 5 punir. Saint Louis ne regardait pas si celui qui avait mal fait était un seigneur ou un pauvre homme. *Il punit un des plus grands seigneurs du royaume qui avait commis un crime.*

5. Le courage de Saint Louis. — L'image vous 10 représente des hommes armés, au bord d'un fleuve.

SAINT LOUIS REFUSE DE SE SAUVER SUR UN BATEAU

Le fleuve, c'est le *Nil*, qui coule bien loin de France, en *Égypte*. Les hommes armés, c'est Saint Louis avec des chevaliers français.

Saint Louis était allé dans ce pays-là faire la 15 guerre aux Turcs.

Il s'est battu comme un vaillant chevalier; mais il a été vaincu. Les Turcs poursuivent son armée. Ils vont bientôt arriver, et alors le roi sera prisonnier.

Vous voyez que Saint Louis est bien fatigué.
5 Il est courbé; c'est à peine s'il peut se tenir à cheval. Il souffre d'une grande fièvre.

Un chevalier met la main à la bride du cheval du roi. D'autres chevaliers lui montrent un bateau.

Ils veulent qu'il descende de cheval et qu'il monte
10 sur le bateau; alors, sans fatigue, il naviguera sur le fleuve, et les Turcs ne pourront le prendre.

Ils prient et ils supplient, car ils aiment le bon roi de tout leur cœur.

Mais le bon roi pense à tant de pauvres soldats
15 fatigués comme lui, malades comme lui. Il ne veut pas se sauver. Il dit: «Non, je ne veux pas abandonner mes gens; j'aime mieux mourir ou être pris avec eux.»

Il resta sur son cheval. Les Turcs arrivèrent.
20 Ils le firent prisonnier. Dans sa prison, il montra beaucoup de courage. Il se racheta en donnant une grosse somme d'argent, et il revint en France, et la France fut bienheureuse de revoir son roi.

Les Français pleurèrent le roi Saint Louis quand il
25 *mourut en 1270. Ils l'aimaient, parce qu'il était chari-*
table, parce qu'il était juste, parce qu'il était brave.

RÉSUMÉ

1. En 987 les Francs choisirent *Hugues Capet* pour roi. Un siècle plus tard, le roi *Louis le Gros* se fit aimer des pauvres gens en faisant la guerre aux méchants seigneurs.

2. En 1214 le roi de France *Philippe-Auguste* battit les Allemands à *Bouvines*, et à cause de cela il fut très aimé par les Français.

3. *Saint Louis* fut le meilleur des rois de France. Il était très *pieux*. Il soignait les malades et *faisait la charité* aux pauvres.

4. *Saint Louis* fut le plus *juste* des rois. Il punissait les grands seigneurs qui faisaient tort aux pauvres gens.

5. *Saint Louis* fut un roi *très brave*. Il le montra en *Égypte* où il fit la guerre aux Turcs.

QUESTIONNAIRE

Pourquoi les Francs prirent-ils Hugues Capet pour roi ? En quelle année ?

Pourquoi Louis le Gros fit-il la guerre au seigneur du Puiset ? Que fait le moine que vous voyez sur l'image page 55 ?

En quelle année eut lieu la bataille de Bouvines ? Où est le roi dans l'image page 56 ? Que font les soldats qui l'entourent ? Racontez ce qui se passa quand Philippe-Auguste revint à Paris.

Racontez les actes de charité de Saint Louis. Pourquoi aimait-il mieux servir les pauvres aveugles que les autres pauvres ?

Regardez l'image page 60. Où est Saint Louis ? Que fait-il ? Qui lui parle ?

Qu'était allé faire Saint Louis en Égypte ? Pourquoi ne voulut-il pas quitter ses soldats ?

Pourquoi les Français aimèrent-ils Saint Louis ?

UNE VOITURE AU TEMPS DES CROISADES

AU TEMPS DE LA GUERRE DE CENT ANS
Enfants jouant à Jeanne d'Arc

LIVRE TROIS

LA GUERRE DE CENT ANS

CHAPITRE HUIT

LA GUERRE DE CENT ANS JUSQU'A JEANNE D'ARC

Une soixantaine d'années après la mort de Saint Louis, le roi d'Angleterre voulut devenir roi de France. Alors commença une guerre qui devait durer cent ans.

Le roi d'Angleterre amena une armée en France, et fut vainqueur dans une grande bataille.

Il voulut prendre Calais, ville située au bord de la mer, en face de la côte d'Angleterre.

1. La belle conduite de six bourgeois de Calais. — Le roi d'Angleterre entoura Calais avec son armée, de façon que personne ni rien n'y pouvait

entrer. Au bout de quelques mois, les gens de
Calais n'eurent plus ni pain, ni viande, ni légumes.
Ils mangèrent les chevaux, les chiens, les chats et
les souris.

Quand il ne leur resta plus rien, ils prièrent le 5
roi d'Angleterre de les laisser sortir de Calais sans
leur faire de mal.

Mais le roi d'Angleterre leur répondit: « Je
veux que six bourgeois de Calais viennent me
trouver tête nue, nu-pieds, en chemise avec une 10
corde au cou, et qu'ils m'apportent les clés de la
ville. Je ferai d'eux ce qu'il me plaira de faire.
Après cela, j'aurai pitié des gens de Calais.»

Les habitants de Calais se réunirent sur la
Grand'Place. Ils étaient bien tristes, car ils 15
devinaient bien que le roi voudrait faire mourir
les six bourgeois. Ils se demandaient comment
on choisirait ceux qu'on enverrait au roi d'Angleterre. Et presque tous pensaient sans le dire:
« Pourvu que ce ne soit pas moi que l'on choisisse! » 20

Alors, un riche bourgeois, appelé *Eustache de
Saint-Pierre*, parla; il dit qu'il était prêt à s'en
aller vers le roi d'Angleterre. Cinq autres bourgeois dirent la même chose.

Ils se déshabillèrent; ils s'en allèrent pieds 25
nus, en chemise, la corde au cou, tenant les
clés de la ville. Les habitants les conduisirent
jusqu'à la porte. Ils pleuraient et gémissaient
en regardant ces pauvres gens qu'ils ne reverraient plus.   30

Le roi, quand ils arrivèrent, ordonna d'aller
chercher le bourreau pour leur couper la tête.

Mais la reine d'Angleterre vint se jeter aux genoux du roi.

Elle tend vers lui ses mains jointes. Elle le supplie de ne pas faire mourir les six bourgeois, 5 qui sont là debout, tenant les clés en mains.

LA REINE D'ANGLETERRE SUPPLIE LE ROI DE NE PAS FAIRE
MOURIR LES SIX BOURGEOIS DE CALAIS

Le roi l'écarte du bras, il lui dit de ne pas le prier davantage, que c'est inutile, et qu'il faut que ces gens-là meurent.

Mais à la fin, il s'attendrit; il dit: «Madame, 10 je vous donne ces bourgeois; faites-en ce que vous voudrez.» Et la reine répondit au roi: «Mon seigneur, grand merci!»

La bonne reine emmena les six bourgeois, les conduisit dans sa chambre, et leur donna un bon

dîner, qui leur fit plaisir, car ils avaient grand'-
faim.

Le roi d'Angleterre laissa les habitants sortir
de la ville, et il y entra.

*Ce furent de braves gens, les six bourgeois qui s'étaient
décidés à mourir pour sauver leurs compatriotes.*

2. Le courage d'un enfant de France. — Les 5
Anglais gagnèrent encore une grande bataille sur
les Français auprès de la ville de *Poitiers*.

LE COURAGE DU ROI DE FRANCE ET DE SON FILS À LA BATAILLE
DE POITIERS

La plus grande partie de l'armée française
s'enfuit, mais quelques-uns ne voulurent pas fuir.
Ils continuèrent à combattre.   10

Vous voyez au milieu de l'image un homme qui tient un bouclier devant lui et lève une hache. A côté un enfant tient une épée. Ils sont entourés par des soldats qui les attaquent à coups de lances 5 et d'épées.

Ces soldats sont des Anglais. L'homme qui lève la hache, c'est le roi de France, *Jean le Bon*. L'enfant est un de ses fils nommé *Philippe*.

L'enfant regarde les ennemis qui veulent frap- 10 per son père. Il l'avertit en criant: «Père, prenez garde à droite», ou bien: «Père, prenez garde à gauche!»

Mais les ennemis étaient trop nombreux. Le roi Jean fut obligé de se rendre aux Anglais. Son 15 fils Philippe fut aussi fait prisonnier.

Il avait été très brave. A cause de sa bravoure, on l'appela *Philippe le Hardi*.

3. Le bon roi Charles le Sage. — L'image, page 69, vous représente le roi Charles Cinq, fils de Jean 20 le Bon. Il est assis sur un trône.

Il a la couronne en tête. Il tient à la main un long bâton doré, qu'on appelle un *sceptre*.

Il est vêtu d'une longue robe où vous voyez dessinées de petites fleurs, des *fleurs de lys*.

25 A sa droite, à sa gauche et devant lui sont des hommes, dont un est debout et lui parle. Ces hommes calmes, graves, sont ses conseillers, c'est-à-dire les hommes qu'il consulte sur ses affaires.

Charles Cinq n'était pas un homme de guerre 30 comme les rois d'avant lui. Il était souvent malade; sa main droite enflée ne savait pas tenir une épée.   Il menait une vie tranquille dans son beau palais à Paris.

Il se levait à six heures, il allait à la messe.   En sortant de la chapelle, il se rendait dans la salle où il avait l'habitude de causer avec ses conseillers.   5

CHARLES LE SAGE EN SON CONSEIL

Il dînait à dix heures, mangeait peu, et buvait peu.   Au dessert, il écoutait des musiciens, car il aimait beaucoup la belle musique.

L'après-midi, il se promenait avec la reine et ses enfants dans son jardin, où il y avait de belles 10 fleurs et de beaux arbres fruitiers.   Il visitait sa ménagerie, où se trouvaient des lions et autres bêtes féroces.

Ou bien il lisait des livres, car il aimait beaucoup à s'instruire.

Le soir venu, il soupait dans la compagnie de personnes sages et raisonnables comme lui. Puis il
5 allait dormir.

C'était un homme aimable, poli avec tout le monde. *Il imitait en toutes choses le bon roi Saint Louis. On lui a donné le nom de Charles le Sage.*

4. Du Guesclin, le vainqueur des Anglais. —
10 Comme le roi Charles n'allait pas à la guerre, il fit

DU GUESCLIN SE SAUVE DU CHÂTEAU PATERNEL

commander ses armées par des généraux. Le plus célèbre de ces généraux fut Bertrand *Du Guesclin.*

Du Guesclin était fils d'un seigneur pauvre, dont le château était près de la ville de *Rennes.*

15   Il était laid et même très laid; il avait la peau noire, un trop gros nez, une vilaine taille.

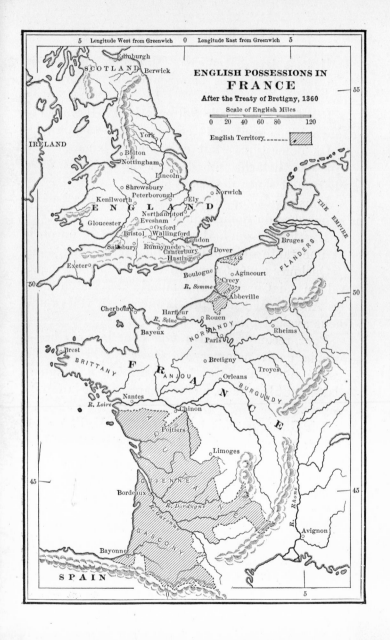

ENGLISH POSSESSIONS IN
FRANCE
After the Treaty of Bretigny, 1360

Scale of English Miles

0   20   40   60   80   120

English Territory

Il était très batailleur. Malgré la défense de son père, il allait se battre avec les enfants des environs.

Une fois, son père le mit en prison. Il trouva le
5 moyen de se sauver, et courut dans les champs.

Un domestique était en train de labourer; Du Guesclin détacha un des chevaux attelés à la charrue et sauta dessus.

Vous voyez sur l'image, page 70, qu'il a l'air de
10 se moquer du domestique.

Il galopa jusqu'à Rennes. Il avait là un oncle et une tante qui voulurent bien le recevoir.

Quelques années après, il était le meilleur général du roi Charles. Il remporta des victoires sur
15 les Anglais, et leur reprit beaucoup de villes qu'ils nous avaient prises.

Pour récompenser Du Guesclin, le roi Charles décida de le nommer *connétable* de France. Le connétable était le chef de l'armée; il comman-
20 dait à tout le monde, même aux princes de la famille royale.

Du Guesclin était très modeste. Il dit au roi: «Cher seigneur, je suis un bien petit personnage. Je n'oserai jamais commander à vos frères, à vos
25 neveux, à vos cousins qui sont dans l'armée.»

Mais le roi lui dit: «Bertrand, Bertrand, mes frères, mes neveux, mes cousins vous obéiront; s'ils ne vous obéissent pas, ils auront affaire à moi.»

30 C'est ainsi que le fils d'un petit seigneur devint le chef des plus grands seigneurs de France.

Dans tout le royaume, on admirait et on aimait

le connétable Du Guesclin, parce qu'il servait bien
son seigneur le roi Charles et la France sa patrie.

5. Le roi Charles Six devient fou. — Il arriva
un grand malheur à Charles Six, le fils de Charles
Cinq.

Charles Six s'en allait en Bretagne. Il était
malade et souffrait de grands maux de tête.

LA FOLIE DE CHARLES SIX

Après avoir passé la ville du Mans, il traversa
une forêt. Tout à coup un homme mal habillé
sortit de dessous les arbres. Il prit par la bride
le cheval du roi et cria: «Roi, ne va pas plus
loin! Retourne! Retourne! Tu es trahi!»

Ceux qui étaient auprès du roi chassèrent cet
homme, et le roi continua de chevaucher.

Au sortir de la forêt, il était midi. Il faisait
très chaud. Le roi étouffait sous sa jaquette de
velours.

Derrière lui, était un page coiffé d'un casque d'acier. Derrière ce page, un autre, qui portait la lance du roi, s'endormit. Et il laissa la lance tomber sur le casque du page qui allait devant lui.

5 Cela fit un grand bruit. Le roi tressauta. Il pensait à l'homme qui lui avait crié: «Tu es trahi!» Il crut qu'on voulait le tuer. Il tira son épée. Vous le voyez attaquant ceux qui l'entouraient.

10 On vit bien qu'il était devenu fou. On lui retira ses armes, on le coucha très doucement par terre. La sueur lui coulait sur la figure; il roulait ses yeux et ne disait mot.

C'est ainsi que le roi Charles Six perdit la raison.

15 Pendant trente ans, la France eut un roi fou. Il y eut de terribles désordres dans le royaume. Les Anglais s'emparèrent des pays et des villes que le connétable Du Guesclin leur avait repris.

Le roi d'Angleterre vint s'établir à Paris en 20 l'année 1420. Il crut qu'il allait être roi de France.

RÉSUMÉ

1. Une soixantaine d'années après la mort de Saint Louis, le roi d'Angleterre prit *Calais*. Alors commença une guerre qui dura *cent ans*.

2. Le roi d'Angleterre battit et fit prisonnier à *Poitiers* le roi de France *Jean le Bon* et son fils.

3. Le roi *Charles Cinq* fut un très bon roi qu'on nomme *Charles le Sage*.

4. Charles Cinq eut un très bon général, *Du Gues-*

clin, qui battit les Anglais, et fut nommé *connétable de France*.

5. Après Charles Cinq, il y eut de grands malheurs en France. *Charles Six* devint fou. Les Anglais furent partout vainqueurs et prirent Paris.

QUESTIONNAIRE

Pourquoi le roi d'Angleterre fit-il la guerre à la France? Comment s'appelle cette guerre?

Regardez l'image de la page 66. Qu'est-ce que les six hommes que vous voyez en chemise? Pourquoi sont-ils là?

Qui est assis? Qui est à genoux devant celui qui est assis?

Rappelez les paroles du roi d'Angleterre.

Regardez l'image de la page 67. Dites ce que faisait Philippe, fils du roi de France. Comment s'appelle cette bataille? Qui fut vainqueur?

Regardez l'image de la page 69. Où le roi Charles Cinq est-il assis? Qu'est-ce qu'il a sur la tête et dans la main? Comment est-il habillé? Quelles sont les personnes qui sont avec lui? Que font-elles?

De quel pays était Du Guesclin? Pourquoi se sauva-t-il de chez son père? Pourquoi Charles Cinq le nomma-t-il connétable?

Racontez comment devint fou le roi Charles Six. Qui s'empara de Paris en 1420?

AU TEMPS DE JEANNE D'ARC

Maison de Jeanne d'Arc
à Domrémy

Jeanne au village   *Jeanne à l'armée*

CHAPITRE NEUF

JEANNE D'ARC

Quand le roi Charles Six mourut, son fils Charles Sept ne possédait plus que quelques villes, dont la principale était Orléans.

Les Anglais attaquèrent cette ville; ils allaient la prendre, quand elle fut sauvée par Jeanne d'Arc.

1. L'enfance de Jeanne d'Arc. — Jeanne d'Arc est née à *Domrémy*, un petit village du pays de Lorraine. Son père s'appelait *Jean d'Arc* et sa mère *Isabelle Romée.* C'étaient des paysans pauvres.

5   Ils aimaient bien le roi et la France. Jeanne les entendait parler des grands malheurs qui

affligeaient le royaume de France. Elle pleurait
en les écoutant.

Un jour à midi, elle était assise dans le jardin
de sa maison; elle crut voir une grande clarté du
côté de l'église à droite. Et il lui sembla qu'elle 5

JEANNE D'ARC ÉCOUTE DES VOIX

entendait une voix qui lui parlait. Elle pensa que
cette voix était celle de l'archange saint Michel.

Une autre fois, elle crut voir et entendre parler
deux femmes, dont l'une avait des ailes. Elle
pensa que c'étaient sainte Catherine et sainte 10
Marguerite.

Jeanne avait alors treize ans.

Depuis ce temps-là, elle revit souvent l'archange
et les saintes.   Les voix lui ordonnèrent de partir
pour aller au secours de la France.   Elle répondait:
« Je ne suis qu'une pauvre fille; je ne saurais pas
5 monter à cheval, ni faire la guerre.»

2. Jeanne d'Arc à Vaucouleurs. — Au moment
où les Anglais attaquèrent Orléans, Jeanne avait
dix-sept ans.   Les voix lui commandèrent: «Va,
Orléans sera délivrée par toi . . . Va . . . »

10 Alors, Jeanne ne put rester tranquille à la maison.   Elle pria un de ses oncles de la mener à
Vaucouleurs, qui était près de là.   Elle voulait
demander au chevalier de Baudricourt, gouverneur de cette ville, de la faire conduire auprès
15 du roi.

L'oncle mena Jeanne à Vaucouleurs.

Jeanne se présenta devant Baudricourt.   Elle
n'eut pas peur de lui.   Elle lui dit tranquillement
que Dieu lui commandait d'aller au secours du
20 roi.

Baudricourt fut bien étonné d'entendre une
petite paysanne parler comme elle faisait de Dieu
et du roi.   Il se mit à rire et dit à l'oncle: «Donnez-
lui des gifles et faites-la reconduire chez ses père
25 et mère.»

Mais Jeanne ne voulut pas se laisser reconduire.
Elle retourna chez Baudricourt plusieurs fois.
Elle lui dit: «Il faut que j'aille vers le roi, quand
même je devrais user mes jambes jusqu'aux
30 genoux.»

Elle avait l'air si sûre de ce qu'elle disait, que

Baudricourt à la fin lui permit d'aller vers le roi.
Il lui donna six cavaliers pour l'accompagner.
Jeanne s'habilla en soldat, monta à cheval, et la
petite troupe se mit en chemin.

3. Jeanne d'Arc s'en va vers le roi. — On était 5
en plein hiver, au mois de février de l'année 1429.

Les chemins étaient
mauvais. Les Anglais
et des brigands cou-
raient la campagne.
Les compagnons de
Jeanne avaient peur.
Ce fut elle, la jeune
paysanne, qui les
rassura.

Elle chevaucha
pendant dix jours.
Elle arriva enfin au
château de *Chinon*,
près de la Loire,
où habitait le roi
Charles.

On la fit entrer,
le soir, dans une
grande salle éclairée

JEANNE D'ARC PARLE BAS AU ROI

par des cierges; il y avait beaucoup de monde.
Jeanne n'avait jamais vu le roi; pourtant elle
alla tout droit vers lui, se mit à genoux, puis elle
se releva. Vous voyez qu'elle parle bas à l'oreille
du roi. On ne sait pas ce qu'elle lui a dit; mais le 30
roi parut content.

Quelques jours après, elle se mit en route pour Orléans avec une armée.

Un homme tenait devant elle un étendard qu'elle avait commandé de faire pour elle.

5 **4. Jeanne d'Arc délivre Orléans.** — Les Anglais avaient bâti des châteaux autour d'Orléans; des soldats y étaient logés; ils surveillaient les chemins pour empêcher d'entrer dans la ville.

Jeanne y entra pourtant, et, le lendemain, elle 10 attaqua le plus grand des châteaux, qui s'appelait *les Tournelles.*

Elle dressa une échelle contre le mur et monta. Les Anglais lui lancèrent des flèches. Une flèche l'atteignit à l'épaule et son sang coula. Jeanne 15 crut qu'elle allait mourir et se mit à pleurer. Mais elle reprit courage, elle toucha le mur avec son étendard, et cria aux soldats: «Tout est à vous, entrez.» Et les soldats entrèrent.

Jeanne retourna vers la ville. Les gens d'Or-20 léans accoururent autour d'elle. Vous en voyez qui lui prennent les mains ou qui embrassent ses genoux. Une femme tend vers elle son enfant à qui Jeanne sourit gentiment. Un soldat essaye d'empêcher la foule d'approcher pour voir de 25 plus près la libératrice d'Orléans, car Orléans fut délivrée.

Les Anglais sortirent des châteaux qu'ils occu-paient encore et s'en allèrent.

5. Jeanne d'Arc conduit le roi à Reims pour y 30 être sacré. — Jeanne retourna vers le roi Charles,

JEANNE D'ARC RENTRE À ORLÉANS APRÈS AVOIR PRIS LE CHÂTEAU
DES TOURNELLES

qui se trouvait alors à *Tours*. Elle se mit à genoux devant lui et lui dit qu'il fallait maintenant aller à *Reims*.

C'était l'usage que tout nouveau roi de France s'en allât dans cette ville, où Clovis fut baptisé par saint Remi. On faisait dans la cathédrale une belle cérémonie qu'on appelait le sacre. L'archevêque mettait la couronne sur la tête du roi.

JEANNE D'ARC AU SACRE DE CHARLES SEPT
(Peinture de Lenepveu, au Panthéon)

Le roi Charles se fit prier longtemps. Il n'osait pas aller à Reims. Il disait que le voyage était dangereux. Mais Jeanne répon-

25 dait: «Je sais bien; je sais bien, mais cela ne fait rien.»

A la fin le roi Charles se décida. L'armée française se mit en marche vers Reims.

Pendant la marche, Jeanne chevaucha, tantôt à côté du roi, tantôt à l'avant-garde, tantôt à l'ar-
30 rière-garde. Elle allait et venait ainsi pour donner courage à tout le monde. Et les soldats admiraient cette jeune fille si brave et lui obéissaient.

Plusieurs fois, il fallut se battre. Jeanne ne se servit jamais de ses armes dans les combats. Jamais elle n'a tué personne. Quand elle attaquait les Anglais, elle prenait en main son étendard. Elle commandait aux soldats: «Entrez 5 hardiment parmi les Anglais», et elle y entrait elle-même.

Jeanne et le roi arrivèrent à Reims au mois de juillet 1429.

Vous voyez dans le chœur de l'église le roi à 10 genoux devant l'archevêque, qui lui met une couronne sur la tête.

D'autres évêques et les plus grands seigneurs de France sont là qui regardent. Mais pourquoi le roi, les évêques et les grands seigneurs sont-ils 15 réunis dans la belle église? C'est parce que Jeanne, la petite paysanne, a vaincu les Anglais et conduit à Reims le roi qui n'osait pas y aller. *Fièrement, elle tient son étendard glorieux.*

6. Jeanne d'Arc prisonnière. — Mais les beaux 20 jours de Jeanne étaient déjà passés.

Elle voulut attaquer Paris qui était alors occupé par les Anglais. Elle fut blessée. Le roi ne voulut pas continuer l'attaque. Il en avait assez de se battre. Il s'en retourna dans son château de 25 Chinon.

Quelque temps après, Jeanne apprit que les Anglais voulaient prendre la ville de Compiègne.

Elle y alla. Le jour même de son arrivée, elle sortit de la ville pour combattre les Anglais. 30

Mais les soldats qu'elle conduisait eurent peur.

Ils se sauvèrent vers la ville et refermèrent les portes.

Jeanne combattait toujours. Les ennemis l'entourèrent. Un soldat la tira à bas de son cheval.
5   Jeanne était prise. Alors ceux qui l'avaient prise poussèrent de grands cris de joie. De tous les côtés les soldats d'Angleterre accoururent. Ils criaient, ils riaient, ils sautaient, ils se moquaient de Jeanne et l'insultaient lâchement par des paroles grossières.

JEANNE D'ARC CONDUITE À LA MORT

7. La mort de Jeanne d'Arc.— Les Anglais décidèrent de faire mourir Jeanne. Ils l'appelaient sorcière, envoyée du diable.

Elle fut conduite à Rouen et jugée par un tribunal; l'évêque de Beauvais, un méchant évêque appelé Cauchon, présidait le tribunal.

Jeanne fut interrogée longtemps, répondit fièrement et bien; elle parlait mieux que cet évêque et les savants hommes qui la jugeaient.
30   Elle fut condamnée à être brûlée.

Quand elle entendit le jugement, elle pleura:

«Hélas, dit-elle, pourquoi me traite-t-on si horriblement et si cruellement? Faut-il que mon pauvre corps soit brûlé et mis en cendres?»

On la fit monter sur une charrette. Les Anglais l'entouraient. 5

Vous la voyez, les yeux levés vers le ciel. Elle qui avait commandé des armées, elle est là toute seule. Son roi ne pense plus à elle. Ses compagnons d'armes sont loin. Personne ne viendra secourir la pauvre Jeanne.

On arriva sur la place du Marché. Une gra~ foule regardait. Jeanne disait: «Priez pour m. Elle parlait si doucement que tous ceux qui l'entendaient pleuraient.

Elle monta sur le tas de bois qui avait été pré- 15 paré. Le bourreau mit le feu; la flamme s'éleva. Elle toucha Jeanne qui jeta un grand cri. On l'entendit encore un moment prier à haute voix, puis crier: «Jésus!» Et sa tête s'abaissa sur sa poitrine. Elle était morte. *Jeanne avait sauvé* 20 *la France; car les Anglais, quelques années après sa mort, furent chassés de notre pays.*

> *Tous les Français doivent aimer de tout leur cœur l'admirable Jeanne, qui mourut pour son roi, pour la France, pour nous.*

RÉSUMÉ

1. Au moment où les Anglais étaient les maîtres de la France, une jeune fille de Lorraine, *Jeanne d'Arc*, annonça que des saintes lui ordonnaient de les chasser de France.

2. Jeanne d'Arc résolut d'aller trouver le roi de France, *Charles Sept*, pour lui demander une armée.

3. Jeanne d'Arc vit le roi. Elle lui parla si bien qu'il lui donna une armée pour combattre les Anglais.

4. En *1429* Jeanne alla vers *Orléans* que les Anglais voulaient prendre; elle les battit et les força de s'en aller.

5. Jeanne d'Arc mena *sacrer le roi à Reims;* ce fut une très belle fête où elle assista, son étendard à la main.

6. Par malheur, Jeanne d'Arc fut *faite prisonnière* par les Anglais dans un combat à *Compiègne*.

7. Les Anglais condamnèrent Jeanne à mort et la firent *brûler à Rouen* en *1431*. Mais, comme Jeanne l'avait annoncé, ils furent bientôt chassés de toute la France.

QUESTIONNAIRE

Regardez l'image page 77. Où est Jeanne ? De quel côté se tourne-t-elle ? Qu'est-ce qu'elle regarde ? Qu'est-ce qu'elle écoute ?

Que dit le sire de Baudricourt quand Jeanne alla le voir ? Que finit-il par faire ?

Que s'est-il passé à Chinon quand Jeanne vit le roi ?

Racontez comment Jeanne attaqua le château anglais des Tournelles à côté d'Orléans.

Où Jeanne mena-t-elle sacrer le roi ? Où se tenait-elle pendant la cérémonie du sacre ?

Où Jeanne fut-elle faite prisonnière ? En quelle année ?

Racontez la mort de Jeanne.

Qu'arriva-t-il aux Anglais après la mort de Jeanne ?

AU TEMPS DE HENRI QUATRE

Une école: le maître a la trique à la main

LIVRE QUATRE

LA FRANCE JUSQU'A LA MORT DE HENRI QUATRE

CHAPITRE DIX

LES INVENTIONS ET LES DÉCOUVERTES

Au temps de la guerre de Cent ans et dans les années qui suivirent, on fit des inventions et des découvertes.

Vous apprendrez, quand vous serez plus grands, comment on les fit.

Vous apprendrez aussi pourquoi le monde fut changé par les inventions et découvertes.

Aujourd'hui je ne vous en dirai que quelques mots.

1. L'imprimerie. — Au temps de la guerre de Cent ans, l'imprimerie fut inventée.

Autrefois on écrivait des livres à la main comme

vous écrivez vos devoirs. Cela demandait beaucoup de temps. Aussi n'y avait-il pas beaucoup
de livres, et ils coûtaient très cher. Les riches
seuls pouvaient en acheter.

5   Gutenberg eut l'idée de faire des lettres en
plomb. En mettant ces lettres les unes à côté
des autres, il fit des mots, et puis des phrases, et
une page entière.

Il frotta toutes les lettres avec de l'encre. Puis
10 il mit dessus une feuille de papier, et il appuya
sur la feuille au moyen d'une machine appelée
presse.

Alors les lettres furent imprimées en noir sur la
feuille de papier. Il retira cette feuille; il en mit
15 une autre et puis une autre, et ainsi de suite.

Il fallut moins de temps pour imprimer une
page qu'on en mettait autrefois pour écrire un mot.

Alors on imprima des livres en grande quantité
et qui ne coûtaient pas cher.

20   *Tout le monde put en acheter et s'instruire en
lisant.*

2. Les armes à feu. — Dans ce temps-là aussi,
on commença de se servir pour la guerre de canons
et de fusils.

25   Avant les canons et les fusils, on se battait avec
des épées, des lances, des haches et des flèches.

C'était bien difficile, avec ces armes-là, de prendre un château entouré de murs très hauts, comme
celui que vous avez vu, page 28.

30   C'était bien difficile aussi de blesser un seigneur
couvert de fer de la tête aux pieds.

Regardez les canons que vous montre l'image. Ils envoient des boulets dans le mur d'un château. Ils y font un grand trou.

Vous apercevez au coin de l'image, à gauche, des soldats qui attendent. Ils attendent que le trou soit assez grand pour y passer. Ils ne sont plus obligés comme autrefois de grimper sur le

DES CANONS FONT UN TROU DANS LE MUR DU CHÂTEAU

mur. Les châteaux furent bien plus faciles à prendre.

Les balles des fusils percèrent les cuirasses des seigneurs.

Alors les seigneurs ne furent plus tant à craindre qu'auparavant.

3. Les découvertes. — Dans ce temps-là encore, on découvrit l'*Amérique* et d'autres pays que l'on ne connaissait pas en France.

Des hommes qui n'avaient peur de rien s'en allèrent sur des bateaux dans les mers lointaines.

Le plus célèbre est *Christophe Colomb*.

Il voulut trouver sur mer des chemins par où 5 personne n'avait passé.

En l'année 1492, trois bateaux, sur lesquels il y avait une centaine d'hommes, partirent d'un port d'Espagne.

Pendant plusieurs semaines, ils naviguèrent sans 10 voir jamais autre chose que le ciel et l'eau.

Les compagnons de Christophe Colomb avaient peur. Ils avaient emporté avec eux de l'eau et des vivres, mais les provisions commençaient à s'épuiser. Ils craignaient de mourir de faim et 15 de soif, et ils voulurent retourner.

Enfin, Christophe Colomb aperçut une terre. Ce fut une grande joie pour ses compagnons. Ils crièrent: « Terre! Terre! »

C'est ainsi que fut découverte l'Amérique.

RÉSUMÉ

1. Au temps de la guerre de Cent ans, *Gutenberg* inventa l'*imprimerie*, qui permit de faire des livres très vite et à bon marché.

2. Pendant la guerre de Cent ans on commença à se servir de *canons* qui détruisaient les murs à coups de boulets.

3. Christophe Colomb, qui était un hardi marin, découvrit l'*Amérique* en 1492.

QUESTIONNAIRE

Comment écrivait-on les livres avant Gutenberg ?

Racontez ce qu'a fait Gutenberg.

Pourquoi a-t-on pu s'instruire plus facilement après que Gutenberg eut inventé l'imprimerie ?

De quelles armes se servait-on avant l'invention des canons et des fusils ?

Pourquoi les châteaux ont-ils été plus faciles à prendre après l'invention des canons ?

Où alla Christophe Colomb ? En quelle année ?

AU TEMPS DE FRANÇOIS
PREMIER
Un château

Seigneur   *Dame noble*

CHAPITRE ONZE

DE JEANNE D'ARC A HENRI QUATRE

1. Le roi Louis Onze. — Le roi Charles Sept
eut pour successeur son fils Louis Onze.

Louis Onze était un homme très laid. Il avait
un visage maigre et un long nez tout bossué. Ses
5 jambes n'étaient pas droites. Il marchait mal.
Il n'était pas coquet. Il mettait des habits de
drap grossier. Il se coiffait d'un chapeau mou.

Vous le voyez qui se promène, coiffé de son
petit chapeau, les mains derrière le dos.

10   Les gens qui viennent de le voir passer s'éton-
nent qu'il soit si mal habillé. Ils disent tout bas:
«Comment? C'est ça, le roi de France! Mais il
n'en a pas pour vingt francs sur lui!»

Il vivait presque seul dans un château très
15 triste en Touraine. Ses compagnons habituels
étaient son barbier et son médecin. Il avait

toujours son médecin avec lui parce qu'il avait peur de mourir.

Il n'aimait pas à faire la guerre à ses ennemis. Il aimait mieux obtenir d'eux ce qu'il voulait en les trompant. Comme il était très malin, il réussit souvent à les tromper.

Il était méchant. Il fit mourir des hommes qu'il n'aimait pas, ou bien il les enferma dans des cages où l'on ne pouvait ni se tenir debout ni se coucher.

Il y avait encore dans ce temps-là des seigneurs qui ne voulaient pas obéir au roi. Il les fit obéir. Alors la France fut tranquille. Il agrandit le royaume en acquérant plusieurs provinces.

LOUIS ONZE N'AVAIT PAS L'AIR D'UN ROI

Ce méchant homme fut un roi qui rendit de grands 25 services à la France.

2. La bravoure du chevalier Bayard. — Les rois qui vinrent après Louis Onze allèrent faire la guerre en Italie. Ils voulaient y conquérir des provinces.   30

Pendant ces guerres s'illustra le chevalier *Bayard*.

Un jour, l'armée française se trouvait au bord d'une rivière, le *Garigliano*, et l'armée ennemie de l'autre côté. Entre les deux, il y avait un pont. Une troupe d'ennemis voulut s'emparer de ce pont.

BAYARD DÉFEND UN PONT CONTRE LES ENNEMIS

5 Mais Bayard les aperçut. Vite il sauta sur son cheval. Il traversa le pont au galop, et il arriva au bout comme les ennemis y arrivaient aussi.

Il se trouva seul contre eux; mais il n'eut pas peur. Il frappa de sa grande épée, à droite, à 10 gauche. Vous voyez les ennemis tomber sur le pont, tomber dans l'eau. Mais les ennemis étaient bien nombreux; le brave chevalier était en grand danger d'être tué.

Heureusement une troupe de Français accourut. Les ennemis s'enfuirent. Ils ne pouvaient croire 5 qu'un homme les avait arrêtés à lui tout seul. Ils racontèrent que c'était le diable lui-même qui les avait empêchés de passer.

Les Français furent très fiers du courage de Bayard. Ils l'appelèrent le chevalier sans peur et 10 *sans reproche.*

3. La bonté du chevalier Bayard. — Un jour,
les Français prirent la ville de *Brescia.* Les habitants s'attendirent à souffrir toute sorte de misères.

Le chevalier Bayard qui avait été blessé dans 15 le combat fut porté dans une maison habitée par une dame et par ses deux filles.

La dame trembla quand elle le vit arriver. Elle avait peur qu'il ne fît du mal à elle et à ses filles.

Mais Bayard lui dit: «Madame, personne ne 20 vous fera de mal; soyez bien tranquille.»

Il resta là cinq semaines. Les jeunes filles, pour le désennuyer, chantaient. Ou bien il les regardait travailler à l'aiguille, et causait gentiment avec elles.   25

Au bout de cinq semaines, le bon chevalier fut guéri; alors il parla de s'en aller.

La dame voulut lui donner une grosse somme de pièces d'or pour le remercier de l'avoir sauvée avec ses filles.   30

Bayard prit les pièces d'or; mais il commanda

aux demoiselles: «Tendez vos tabliers». Elles
obéirent et il versa dans les tabliers les pièces d'or.
«Tenez, leur dit-il, cela vous fera une dot pour
vous marier.»

L'ADIEU DES DAMES À BAYARD QUI LES A SAUVÉES

5   Le moment était venu de partir. Vous voyez
Bayard prêt à monter à cheval. Il est entre la
dame et les deux demoiselles. L'une d'elles lui
offre une bourse de soie, et l'autre deux bracelets
de fil d'or; car, dans ce temps-là, les hommes
10 portaient des bracelets.

Bayard leur dit qu'il les garderait toujours, ces
jolis cadeaux, en souvenir d'elles, puis il s'en alla.

   4. François Premier et Bayard à Marignan. —
En l'année 1515, François Premier devint roi de
15 France. Il avait vingt ans. Il était beau et brave.

Il alla en Italie pour conquérir le pays de *Milan*.
Auprès de la petite ville de *Marignan*, il rencontra
les ennemis.   On se battit pendant tout l'après-
midi.

La nuit arriva et le combat s'arrêta.   5

BAYARD, LE SOIR, À MARIGNAN

Bayard s'était très battu.   A la nuit, il se trouvait au milieu des ennemis, tout seul.

Il faisait un beau clair de lune.   Bayard était
donc en danger d'être pris par les ennemis.

Heureusement à cet endroit-là, il y avait des 10
arbres et des vignes qui donnaient de l'ombre.

Regardez Bayard marchant sur les pieds et les
mains, à quatre pattes.   Le roi fut bien content
quand il vit arriver le bon chevalier.

Aussitôt qu'il fit clair, la bataille recommença. Et les Français furent vainqueurs.

Alors, le roi François, qui n'avait pas encore été armé chevalier, voulut l'être par Bayard.

5 Bayard n'osait pas. Il disait: « Je suis un trop petit seigneur pour armer chevalier un si grand roi. »

Mais le roi lui dit: « Bayard, mon ami, dépê-

FRANÇOIS PREMIER ARMÉ CHEVALIER PAR BAYARD À MARIGNAN

chez-vous et faites ce que je vous commande. »
10 Bayard obéit.

L'image vous montre le roi à genoux devant Bayard, qui va lui toucher l'épaule avec son épée, en disant: « Par saint Georges, je te fais chevalier. »

15 *Bayard était un bien petit seigneur, et le roi François était le premier roi du monde. Mais le roi voulut faire honneur au chevalier sans peur et sans reproche, et il eut raison.*

5. Les amusements et les fêtes. — Au temps de François Premier, des grands seigneurs et des grandes dames, qui habitaient dans les provinces, vinrent habiter auprès du roi.

Il fallait donner des distractions à tout ce monde-là. Le roi et les seigneurs jouaient à la balle, au ballon, aux barres. L'hiver, quand il avait beaucoup neigé, ils se battaient à coups de boules de neige.

On chassait beaucoup. Le roi disait que personne n'avait, pour la chasse, d'aussi bons chevaux ni d'aussi beaux chiens que les siens. Le soir, on entendait de belle musique ou bien on dansait. Hommes et femmes portaient des vêtements de velours, de soie, de drap d'argent et de drap d'or. Sur les vêtements étaient cousues des broderies d'or et d'argent, et des perles et des pierres précieuses.

Tous les jours c'était fête. Cette vie-là coûtait cher. Pour la payer, le roi demandait de l'argent à ses sujets. *Les pauvres gens trouvaient que le roi dépensait beaucoup trop pour ses plaisirs.*

6. Les châteaux du roi. — François Premier aimait à vivre dans de beaux châteaux. On en bâtit beaucoup dans ce temps-là, qui ne ressemblaient pas du tout à celui que vous avez vu, page 28.

Regardez encore une fois ce vieux château-là, entouré de murs si hauts, sans fenêtres. Il est triste comme une prison.

Regardez maintenant l'image de page 100. Elle

représente une partie du château du *Louvre,* où
le roi habitait à Paris. Les fenêtres sont hautes
et larges, avec de grands carreaux. L'air et la
lumière entrent tout à leur aise.

5 Par endroits, des colonnes encadrent les fenêtres.

Le roi fit aussi bâtir de jolis châteaux dans les
provinces, surtout aux bords de la *Loire.*

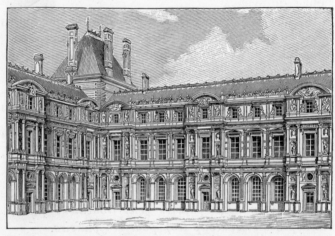

LE CHÂTEAU DU LOUVRE À PARIS

Dans les salles des châteaux on mit de beaux
10 meubles, des tapisseries, des tableaux et des statues de marbre ou de bronze. Tout cela était
beau à voir.

7. Un grand crime. — Au temps de François
Premier, des Français ne voulurent plus être catho-
15 liques; ils devinrent *protestants.* Les catholiques
détestèrent les protestants, et les protestants dé-

testèrent les catholiques. Ils se firent beaucoup
de mal les uns aux autres.

En l'année 1572, le roi était Charles Neuf. Sa
mère Catherine de Médicis était une méchante
femme.

Elle aurait voulu que son fils fît tout ce qu'elle
voulait. Elle n'était pas contente
parce qu'il écoutait les conseils
de *Coligny*, qui était le chef des
protestants.

Elle demanda au roi de faire
tuer tous les protestants qui se
trouvaient à Paris. Le roi refusa
d'abord, puis consentit. Le massacre commença dans la nuit.

Les assassins entrèrent chez
Coligny qui dormait tranquillement. Ils le frappèrent à coups
d'épée et le jetèrent par la fenêtre.
Vous le voyez qui s'accroche à un
rebord. Il mourut en tombant.

Dans toute la ville, on tua; on
tua dans les maisons; on tua
dans les rues. Même des femmes
et des enfants furent assassinés.

MORT DE COLIGNY

On entendait partout des cris, des coups de feu,
et les cloches des églises qui sonnaient à toute
volée.

La Seine s'emplit de cadavres que les assassins
y jetaient. Plusieurs milliers de protestants furent ainsi massacrés. *Ce fut un crime abominable
et lâche.* On l'appelle le *massacre de la Saint-*

Barthélemy, parce qu'il commença le 24 août, jour de la fête de ce saint.

8. Le repentir de Charles Neuf. — Le roi Charles se repentit d'avoir laissé commettre un si grand crime. Il ne pouvait plus tenir en place. Il n'osait plus regarder personne en face; il baissait la tête, fermait les yeux, les rouvrait, puis les refermait. La lumière lui faisait mal.

Pour se distraire, il partait à la chasse. Il courait à travers bois deux et trois jours de suite. Il ne s'arrêtait que pour manger ou pour dormir un moment. Il criait pour commander à ses chiens, ou bien il jouait du cor à se rompre la poitrine. Ses mains, à force de tenir les rênes de son cheval, durcissaient; on y voyait des coupures et des ampoules.

Il n'écoutait plus ce qu'on lui disait. Quand sa mère, la reine Catherine lui annonçait une nouvelle il disait: «Cela m'est égal, et tout le reste aussi.»

Il tomba malade. Dans ses dernières heures, il était gardé par sa vieille nourrice. Elle l'entendit se plaindre, soupirer et pleurer. Elle s'approcha de lui tout doucement et elle écarta le rideau. Il lui dit: «Ah! ma nourrice, ma mie, ma nourrice, que de sang et de meurtres! Ah! qu'on m'a donné un méchant conseil! Oh! mon Dieu, pardonne-moi; aie pitié de moi, fais-moi miséricorde, s'il te plaît.»

RÉSUMÉ

1. *Louis Onze* fut un roi très laid et méchant; mais comme il était *très malin*, il força les seigneurs à lui obéir et devint très puissant.

2. Après Louis Onze, les rois de France firent la *guerre en Italie*. C'est là que le *brave Bayard* défendit à lui tout seul un pont contre les ennemis.

3. Le chevalier *Bayard* montra à *Brescia* qu'il était aussi bon qu'il était brave.

4. En 1515 *François Premier* gagna en Italie la bataille de *Marignan*. Bayard l'arma chevalier.

5. Au temps de François Premier, le roi et les grands seigneurs bâtirent de *beaux châteaux* très agréables à habiter.

6. François Premier vivait entouré de seigneurs; il allait avec eux à la chasse et il leur donnait de très belles fêtes.

7. Au temps de François Premier, des Français se firent *protestants*. Il y eut des guerres entre protestants et catholiques. Le roi Charles Neuf fit massacrer les protestants le jour de la *Saint-Barthélemy*, 1572.

8. Charles Neuf se repentit du grand crime qu'il avait commis.

QUESTIONNAIRE

Quelle figure avait Louis Onze? Comment s'habillait-il?

Racontez comment Bayard a défendu seul le pont de Garigliano.

Pourquoi la dame de Brescia eut-elle peur quand elle vit arriver Bayard chez elle? Pourquoi voulut-elle lui donner des pièces d'or? Et que fit Bayard de ces pièces d'or?

Racontez ce que fit Bayard la nuit de la bataille de Marignan. En quelle année eut lieu cette bataille?

Racontez comment Bayard arma chevalier le roi François Premier.

Comment étaient faits les châteaux que l'on bâtit au temps de François Premier?

Racontez le massacre de la Saint-Barthélemy. Dites la date. Que devint Charles Neuf après le massacre? Racontez sa mort.

CARROSSE OUVERT AU TEMPS DE CHARLES NEUF

AU TEMPS DE
HENRI QUATRE

Le labourage

Un moissonneur *Un forgeron*

CHAPITRE DOUZE

LE ROI HENRI QUATRE

Charles Neuf eut pour successeur Henri Trois qui fut un mauvais roi.

Les guerres entre les protestants et les catholiques continuèrent. La France souffrit beaucoup.

Henri Trois fut assassiné. Il eut pour successeur Henri Quatre en 1589.

1. L'enfance d'Henri Quatre. — Henri Quatre est né au château de *Pau*, une ville qui est située au bout de la France, près des Pyrénées.

Il y passa le temps de son enfance. C'était un enfant très vif, toujours en mouvement. Il aimait 5 à jouer au soldat avec des garçons de son âge.

L'image, page 106, vous montre une troupe d'enfants devant une maison. Henri la commande. Il s'agit de prendre la maison. Les petits soldats mettent des échelles contre le mur. **10**

D'autres petits sont dans la maison pour la défendre. Vous voyez qu'ils versent de l'eau sur la tête de ceux qui attaquent.

HENRI QUATRE ENFANT JOUE AU SOLDAT

Dans ces jeux, Henri s'amusait de tout son cœur. 5 Il plaisantait, criait et riait, car il était très gai.

Il avait une jolie figure, un front très haut, le nez long, de grands yeux très animés.

Il était très poli, et voulait plaire à tout le monde.

2. Les batailles du roi Henri. — Henri Quatre
devint roi en 1589 à la mort de son cousin Henri
Trois.

Mais il était protestant; la plupart des Français
étaient catholiques. Ils ne voulurent pas obéir à 5
un protestant. Il fut obligé de leur faire la guerre.

En l'année 1590, il y eut une grande bataille
entre le roi Henri et le duc de Mayenne, qui était

HENRI QUATRE À IVRY MONTRE SON PANACHE BLANC

chef des catholiques. Ce fut auprès d'*Ivry*, qui
est une petite ville de Normandie. 10

Le roi se trouvait en tête de son armée avec une
troupe de cavaliers. Il portait sur son casque un
grand panache blanc.

Mayenne s'avança pour l'attaquer. Alors le roi
Henri se tourna vers ses cavaliers. Vous voyez 15
qu'il leur montre son panache. Il leur dit à voix
très haute: « Je veux aujourd'hui vaincre ou
mourir avec vous. Ne perdez pas de vue mon

panache blanc! Vous le trouverez toujours au chemin de l'honneur.»

Puis il courut bride abattue, l'épée en main, suivi de sa petite troupe, et il entra dans les rangs ennemis.

En une heure, la bataille fut gagnée, et l'armée victorieuse cria de toutes ses forces: «Vive le roi!»

Henri Quatre était brave entre les braves.

COMMENT HENRI QUATRE SE VENGEA DE MAYENNE

3. La bonne humeur du roi Henri. —Quelque temps après, Mayenne fut obligé de se soumettre. Il alla demander pardon au roi d'avoir combattu contre lui.

Il le rencontra qui se promenait dans son jardin. Le roi l'embrassa trois fois.

Mayenne se mit à genoux; le roi lui commanda de se relever et l'embrassa encore. Puis il se mit à marcher tout en causant.

Il marchait vite, car il était leste et agile. Mayenne, au contraire, était gros et lourd; il suait et soufflait. Enfin le roi s'arrêta.

L'image vous le montre à ce moment-là. Il regarde Mayenne qui essuie la sueur de son front. Il lui dit: «Je vais un peu vite pour vous, n'est-ce pas? Je vous ai fatigué.»

Mayenne, frappant sur son gros ventre, répon- 5 dit: «Par ma foi, je suis si fatigué et essoufflé que je n'en puis plus.» Alors le roi rit aux éclats, tendit la main à Mayenne, et lui dit: «Touchez-là. C'est tout le mal que je vous ferai.»

Puis il invita Mayenne à aller au château se 10 reposer et se rafraîchir en buvant un verre de vin.

Henri Quatre pardonna ainsi à tous ceux qui avaient été ses ennemis. Il rendit la paix au royaume, qui avait été si longtemps troublé. Il était aussi habile qu'il était brave. 15

4. Henri Quatre joue avec ses enfants. — Henri Quatre eut deux garçons et une fille.

Dans ce temps-là, quand les enfants n'étaient pas sages, on les fouettait. Les instituteurs et les institutrices avaient toujours une trique à la 20 main, et ils triquaient ceux qui bavardaient ou qui perdaient leur temps à regarder les mouches voler.

Quand les enfants du roi n'étaient pas sages, ils étaient punis, comme des enfants ordinaires. 25 Le roi avait permis à leurs maîtres de leur donner le fouet.

Pourtant Henri Quatre aimait beaucoup ses enfants. Il les prenait sur ses genoux. Il leur racontait des histoires pour les faire rire. Même, 30 il jouait avec eux.

Un jour, il était à quatre pattes, ayant son fils aîné sur son dos. A côté, sa fille jouait de la trompette.

Un grand seigneur entra. Il fut bien étonné de voir le roi de France jouer au cheval; mais le roi ne se dérangea pas. Et il dit au grand seigneur: « Vous avez des enfants, n'est-ce pas ? Alors vous savez qu'un bon père doit jouer avec ses enfants. »

Henri Quatre était un bon papa.

5. Henri Quatre et son ami Sully. — Henri Quatre eut d'excellents conseillers pour l'aider à

HENRI QUATRE DÎNANT CHEZ SULLY

gouverner son royaume. Celui qu'il aima le mieux fut *Sully*.

Il allait souvent voir Sully et dîner avec lui en tête à tête pour causer tranquillement.

L'image vous le montre se levant de table un
jour qu'il avait très bien dîné. Il dit à Sully,
en ouvrant les bras: « Mon ami, venez m'embrasser. Je me trouve si bien ici que je veux y
souper et y coucher. » Et il resta jusqu'au lende- 5
main.

Pourtant ils n'étaient pas toujours d'accord. Ils
discutaient souvent, sans se fâcher. Le roi disait
à Sully en riant: «Mon ami, vous êtes une bête.»

D'autres fois, ils se fâchaient pour de bon, mais 10
la brouille ne durait pas longtemps. Ils ne pouvaient pas se passer l'un de l'autre.

C'était Sully qui tenait les comptes du roi. Il
les tenait bien et il fit des économies. Henri
Quatre et Sully travaillaient tous les deux à guérir 15
les maux que la guerre avait faits. Ils aimaient
les paysans qui avaient tant souffert.

Le roi espérait que la paix ferait finir leurs
misères, et leur permettrait de mieux se nourrir.
Il disait: « Je veux que les paysans mettent la 20
poule au pot tous les dimanches.»

6. Henri Quatre est assassiné. — Henri Qua-

tre s'était fait catholique; mais il avait permis
aux protestants de garder leur religion, et défendu
à tout le monde de les maltraiter.   25

Alors, il n'y eut plus de guerre entre les catholiques et les protestants, et la France fut tranquille.

Mais il y avait des catholiques qui croyaient que
le roi ne s'était pas fait catholique pour de bon, et 30
qui lui en voulaient.

Henri Quatre pensait souvent qu'il serait assassiné, et alors, lui qui était si gai, il devenait triste.

Un jour du mois de mai 1610, il était plus triste qu'à l'ordinaire. Il marchait à grands pas dans
5 sa chambre, en disant: « Ils me tueront! Ils me tueront! »

Il parla d'aller voir Sully, mais il ne pouvait se décider à sortir. Plusieurs fois, il dit: « Irai-je, ou n'irai-je pas? »

LES PARISIENS PLEURANT À LA MORT DE HENRI QUATRE

10 Enfin il monta dans un carrosse. Le carrosse avait fait très peu de chemin quand il rencontra, dans une rue étroite, une grosse charrette. Il ralentit et rasa le petit trottoir, le long des boutiques.

15 Alors un misérable, appelé *Ravaillac*, s'approcha. Il frappa le roi de deux coups de poignard.

Le roi poussa un cri. Il dit à ceux qui se trouvaient près de lui: « Ce n'est rien! » Il répéta:

«Ce n'est rien!» mais d'une voix si faible qu'à peine on l'entendit.

Le carrosse fut ramené au Louvre et le roi mourut en y arrivant.

La triste nouvelle fut bientôt connue dans 5 Paris. Ce fut une désolation générale.

Vous voyez des marchands qui se dépêchent de fermer leurs boutiques. Ils craignent que la guerre recommence et qu'on pille les maisons.

Les gens pleuraient. Ils parlaient bas; mais 10 de temps en temps, on entendait ce cri: «*Nous sommes perdus, notre bon roi est mort!*»

RÉSUMÉ

1. Henri Quatre, dans son enfance, était gai et batailleur.

2. Henri Quatre était protestant; les catholiques ne voulaient pas lui obéir. Il battit à *Ivry* Mayenne, qui était chef des catholiques.

3. Henri Quatre se fit obéir par tout le monde. Il pardonna à Mayenne après s'être un peu moqué de lui.

4. Henri Quatre était bon père et il aimait à jouer avec ses enfants.

5. Henri Quatre et son ami *Sully* tâchèrent de rendre les Français aussi heureux que possible.

6. Henri Quatre *fut assassiné* en 1610. Tous les Français pleurèrent d'avoir perdu un si bon roi.

QUESTIONNAIRE

Racontez comment s'amusait Henri Quatre enfant.

Pourquoi Mayenne ne voulut-il pas obéir à Henri Quatre ?

Racontez ce que dit Henri Quatre à la bataille d'Ivry.

Que se passa-t-il dans le jardin où Mayenne rencontra le roi ?

Comment Henri Quatre jouait-il avec ses enfants ?

Qui fut le meilleur conseiller d'Henri Quatre ? De quoi s'occupait Sully ?

Racontez la mort d'Henri Quatre. Dites la date de cette mort.

AU TEMPS DE LOUIS QUATORZE

Enfants jouant au roi

LIVRE CINQ

DE LA MORT DE HENRI QUATRE A LA RÉVOLUTION

CHAPITRE TREIZE

LOUIS TREIZE ET L'ENFANCE DE LOUIS QUATORZE

1. Louis Treize et Richelieu. — Louis Treize, fils de Henri Quatre, était un homme triste, et de mauvaise humeur.

Il était souvent malade. Presque tous les jours, il prenait des remèdes. C'était la mode, 5 dans ce temps-là, de saigner et de purger à tout propos. En un an, son médecin le fit purger deux cents fois et le saigna cinquante fois. Tant de remèdes rendaient le roi plus malade encore.

Louis Treize voulait être un puissant roi, mais il ne savait pas s'y prendre. Il avait besoin de quelqu'un pour lui dire comment il fallait faire.

Heureusement pour lui, il fut conseillé par le
5 cardinal de *Richelieu.*

Le cardinal de Richelieu n'avait pas du tout l'air d'un homme d'Église. Il portait une moustache retroussée et une barbiche.

Il allait à la guerre avec le roi; il montait à
10 cheval. Quand il était coiffé du chapeau à plumes, cuirassé et botté, il avait l'air d'un général.

Le roi ne l'aimait pas parce qu'il faisait trop d'embarras. Richelieu avait des soldats pour le garder; des centaines de personnes le suivaient
15 quand il voyageait. On aurait dit que c'était lui qui était le roi.

Alors le roi était jaloux; plusieurs fois il voulut renvoyer le cardinal; mais il ne pouvait pas se passer de lui; il avait trop besoin de ses
20 conseils.

Une fois, ils étaient malades tous les deux. Le roi se fit porter chez Richelieu, qui était couché. On monta un autre lit où le roi se coucha. Tous les deux se parlèrent longtemps comme de vieux
25 amis.

Richelieu fut un homme très sévère. Il fit mourir ceux qui refusaient d'obéir au roi et à lui. *Tout le monde dans le royaume prit l'habitude d'obéir.*

30 Conseillé par Richelieu, Louis Treize fit la guerre aux Espagnols et aux Allemands. Il les vainquit, *et il devint le plus puissant roi de l'Europe.*

2. L'enfance de Louis Quatorze. — Louis Quatorze avait cinq ans quand il devint roi, à la mort de Louis Treize, son père.

A cinq ans, les enfants ne sont occupés qu'à s'amuser. Les petits garçons jouent au soldat et ₅ les petites filles jouent à la poupée.

LE CHANCELIER À GENOUX DEVANT LOUIS QUATORZE ENFANT

Le petit roi Louis Quatorze, lui aussi, jouait au soldat, mais comme il était le roi, il était obligé d'assister à de grandes cérémonies, comme s'il avait été un homme.   On lui disait comment il de- ₁₀ vait se tenir.   On lui apprenait ce qu'il devait dire.
Vous le voyez assis sur un trône. A côté de lui est sa mère, puis des princes et de grands seigneurs.

Devant lui, un homme est à genoux. Il est habillé d'une longue robe. C'est le chancelier, c'est-à-dire le chef de la justice en France.

Savez-vous ce que fait le chancelier? Il de-5 mande à l'enfant s'il n'a pas d'ordres à lui donner.

On avait appris au petit roi la phrase qu'il devait répondre; mais il l'avait oubliée, et il bredouilla je ne sais quoi.

Ainsi Louis Quatorze, étant petit, voyait des 10 hommes s'agenouiller devant lui pour lui parler.

Si l'on faisait tant de cérémonies avec vous, vous seriez orgueilleux. Vous croiriez que tout le monde doit vous servir, et que vous pouvez faire tout ce que vous voulez. Louis Quatorze fut en effet très orgueilleux et il crut qu'il pouvait faire tout ce qu'il voulait.

3. Les drapeaux de Rocroi. — Au moment où Louis Quatorze devint roi, une armée espagnole était entrée en France. Elle s'avança jusqu'à *Rocroi*, une ville du nord de la France, près de 15 la Belgique. Une armée française l'empêcha d'aller plus loin.

Cette armée était commandée par le prince de *Condé*, cousin du roi. Il n'avait que vingt-trois ans. Il était brave. Quatre fois, il pénétra dans 20 les rangs ennemis à la tête de ses cavaliers. Il reçut plusieurs balles dans sa cuirasse. Il blessa plusieurs ennemis et fut taché de leur sang. Ses cheveux en désordre sautaient sur ses épaules. On aurait dit que ses yeux lançaient des éclairs.

L'armée espagnole fut battue. Un grand nombre de ses drapeaux furent pris par nos soldats.

Condé envoya les drapeaux à Paris.

Vous voyez des soldats qui les portent à l'église Notre-Dame, où on les suspendra aux voûtes.

La foule est joyeuse. Un petit garçon montre à un enfant plus petit que lui les drapeaux. Il lui explique qu'ils ont été pris sur l'ennemi et que les Français ont été vainqueurs.

LES SOLDATS PORTENT À NOTRE-DAME
LES DRAPEAUX ESPAGNOLS

C'est en l'année 1643 que Condé gagna la bataille de Rocroi, une des plus 20 *glorieuses de notre histoire.*

RÉSUMÉ

1. *Louis Treize* fut un roi triste et malade. Aidé par le cardinal de *Richelieu,* il devint *le roi le mieux obéi et le plus puissant de l'Europe.*

2. Louis Quatorze fut roi à cinq ans; on lui parlait à genoux. Il apprit à croire qu'il pouvait faire tout ce qu'il voulait.

3. En l'année 1643, le jeune prince de *Condé* battit les Espagnols à *Rocroi.*

QUESTIONNAIRE

Comment s'appelait le principal conseiller de Louis Treize ?

Pourquoi Louis Treize n'aimait-il pas Richelieu ?

Pourquoi n'a-t-il pu se passer de lui ?

Qu'est-ce qu'est devenu Louis Treize grâce à Richelieu ?

Regardez l'image page 117. Qui est à genoux devant le roi ? Pourquoi Louis Quatorze devint-il orgueilleux ?

Quand eut lieu la bataille de Rocroi ? Que fit Condé dans cette bataille ?

AU TEMPS
DE LOUIS QUATORZE
Château de Versailles

Noble   *Dame de la Cour*

CHAPITRE QUATORZE

LE RÈGNE DE LOUIS QUATORZE

1. Comment était Louis Quatorze. — Quand
Louis Quatorze devint roi, il était trop jeune pour
gouverner. Ce fut sa mère qui gouverna. Il ne
fut vraiment roi de France qu'à partir de l'année 1661.   5

Il était beau. Il se tenait si bien qu'il avait
l'air d'être grand, bien qu'il fût d'une taille
ordinaire.

Il était très poli avec tout le monde. Il saluait
toutes les femmes qu'il rencontrait, même quand 10
c'étaient des domestiques.

Mais il n'était familier avec personne. Il était
toujours sérieux et on voyait bien qu'il était très
fier d'être le roi. Aussi, quoiqu'il ne fût pas méchant, on avait un peu peur de lui.   15

Un jour, un vieil officier eut quelque chose à
lui demander. Vous voyez qu'il n'a pas l'air

d'être à son aise. Lui, qui n'avait jamais eu peur dans les batailles, se mit à trembler et à bredouiller.

Enfin il put dire: «Ah! sire, je ne tremble pas ainsi devant vos ennemis.» Le roi lui parla très
5 gentiment et lui accorda ce qu'il demandait.

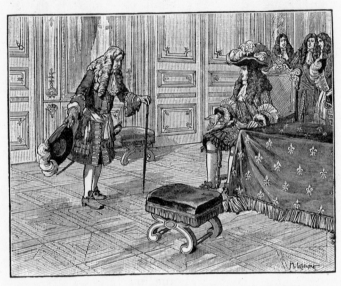

UN VIEIL OFFICIER QUI TREMBLE DEVANT LOUIS QUATORZE

Même ceux qui voyaient tous les jours Louis Quatorze n'osaient pas le regarder en face.

2. Les cérémonies. — Louis Quatorze était toujours en cérémonie.
10 Quand il s'habillait, le matin, des centaines de personnes défilaient devant lui pour le saluer. C'était un prince ou un très grand seigneur qui lui donnait sa chemise. C'étaient des seigneurs

qui lui donnaient ses vêtements, son chapeau, sa canne et sa montre.

A table, il était servi par des seigneurs. Quand il demandait à boire, un de ces seigneurs lui faisait un grand salut, et il allait chercher un plateau 5 d'or où se trouvaient un verre, une carafe de vin et une carafe d'eau. Puis il revenait accompagné de deux autres seigneurs. Et tous les trois faisaient un grand salut.

Le roi se versait à boire. Quand il avait bu, les 10 trois seigneurs faisaient encore un grand salut et ils emportaient le plateau.

> *Un homme que l'on servait de cette façon-là devait se croire fort au-dessus des autres hommes. Louis Quatorze crut presque qu'il était un dieu.*

3. Une fête à Versailles. — Louis Quatorze fit bâtir à *Versailles*, près de Paris, un château si beau qu'il n'y en avait pas un pareil dans le monde. 15

Un soir d'été, il y donna une fête, où trois mille personnes furent invitées.

A six heures, le roi et la reine commencèrent à se promener dans les allées du jardin, qui était très grand. Les princes, les princesses et la foule 20 des seigneurs et des dames les suivirent.

On s'arrêta dans un rond-point, où des buffets étaient chargés de viandes, de bonbons et de confitures.

Entre les buffets on avait placé des caisses 25 d'où sortaient de petits arbres. Les branches de ces arbres portaient des fruits confits.

Vous voyez le roi au moment où il vient de cueillir des fruits pour les offrir à des personnes qui le suivent.

Puis le roi dîna dans une salle tout en feuillage, avec la reine, les princes, les princesses, et les plus grands seigneurs.

LE ROI OFFRE DES FRUITS AUX DAMES

Des candélabres d'argent posés sur des piédestaux d'argent éclairaient la salle. La vaisselle d'or s'étalait sur un grand buffet.

Des centaines de domestiques servaient. On mit d'abord sur la table cinquante-six plats; puis on les enleva. Quatre fois encore, on servit cinquante-six plats et on les

25 enleva. Cela fit donc en tout deux cent quatre-vingts plats.

Quand la nuit fut venue, le jardin et le château furent illuminés.

Tout le long des allées, tout le long des terrasses, 30 des lumières brillaient. Le château semblait en feu.

Et enfin, tout à coup, on entendit comme le bruit d'une fusillade et d'une canonnade. C'était un feu d'artifice; des fusées montèrent et retombèrent comme une pluie de feu. La fête était finie, la nuit aussi. Au moment où le roi rentra au château, le soleil se levait. *Louis Quatorze donnait souvent des fêtes. On en parlait dans toute la France et dans les pays étrangers.*

4. Le grand travailleur Colbert. — Le roi Louis

Quatorze ne passait pas tout son temps à des fêtes et à des cérémonies. Il ne fut pas un roi paresseux. Il trouvait plusieurs heures pour travailler avec ses ministres.

Le plus grand ministre de Louis Quatorze fut *Colbert*.

Colbert travaillait jusqu'à seize heures par jour. Il tenait les comptes du roi et du royaume. Il s'occupait des routes, des canaux, des ports de mer, du commerce, des fabriques et des ouvriers, de l'agricul-

COLBERT SE FROTTE LES MAINS EN ARRIVANT À SA TABLE DE TRAVAIL

ture et des paysans, et puis de la marine, et puis des colonies, et puis d'autres choses encore.

Vous le voyez au moment où il arrive le matin

dans son cabinet. Il aperçoit sur sa table, et à côté, beaucoup de papiers.

Il va falloir lire tout cela, écrire les réponses. C'est bien de l'ouvrage à faire; mais plus Colbert 5 a d'ouvrage et plus il est content. Regardez bien: il se frotte les mains.

Mais Colbert ne fut pas toujours content. Le roi donnait trop de fêtes, il faisait trop souvent la guerre. Cela coûtait beaucoup d'argent. Colbert 10 ne savait plus comment payer les dettes que faisait Louis Quatorze.

Alors Colbert devint triste. Il ne se frotta plus les mains en entrant dans son cabinet.

5. Une révolte sous Louis Quatorze. — Vous 15 voyez, page 127, une porte de la ville de Rennes.

Des hommes, des femmes, des enfants en sortent chassés par des soldats.

Quel mal ont-ils fait ?

Ils n'ont pas voulu payer les impôts qu'on a 20 mis sur le sel et sur le tabac.

Ils n'ont pas voulu les payer parce qu'ils n'en ont pas le moyen. Ce sont des gens du peuple. Ils gagnent difficilement leur vie et, chaque année, le roi demande plus d'argent à 25 son peuple, car le roi fait des dépenses de plus en plus grandes.

Alors les pauvres gens de Rennes se sont assemblés dans les rues. Ils ont crié, cassé les vitres, maltraité les gens qui voulaient leur faire payer 30 les impôts.

Le roi a envoyé des soldats à Rennes. Les

soldats ont démoli la rue où ces malheureux habitaient, et les ont chassés de la ville.

Vous voyez qu'ils portent des paquets. Ils y ont mis le peu qu'on leur a permis d'emporter.

Où vont-ils ?   5

Ils n'en savent rien. On a défendu à tout le

PAUVRES GENS CHASSÉS DE LA VILLE DE RENNES

monde de les recevoir. Ils s'en vont au hasard. Plusieurs certainement mourront de misère.

On était bien dur en ce temps-là pour les pauvres gens.   10

6. Les protestants aux galères. — Rappelez-vous que le bon roi Henri Quatre avait permis aux protestants de conserver leur religion ? Louis Quatorze retira cette permission.

Les protestants qui ne voulurent pas se faire 15 catholiques furent envoyés aux galères.

Les galères étaient des vaisseaux qui marchaient
à la rame. C'était si pénible, si dur de manœuvrer
les grandes rames, qu'on envoyait aux galères des
hommes qui avaient été condamnés pour avoir
5 commis des crimes.

GALÉRIENS RAMANT

Voyez sur l'image les galériens. Ils ont le crâne
rasé, le corps à moitié nu.

Ils se penchaient pour enfoncer la lourde rame
dans l'eau, et se redressaient pour l'en retirer
10 avant de l'y plonger encore.

S'ils étaient fatigués, s'ils ne ramaient plus aussi
bien, un homme que vous voyez les frappait avec
un bâton.

C'était bien dur de traiter ainsi même des crimi-
15 *nels. C'était abominable d'envoyer aux galères des*
protestants qui n'avaient pas commis de crimes, et
qui étaient d'honnêtes gens.

7. La mort de Louis Quatorze. — Le roi Louis
Quatorze, âgé de soixante-dix-sept ans, va mourir.

Il a fait tranquillement ses adieux à tout le
monde. Il a donné ses ordres pour son enterre-

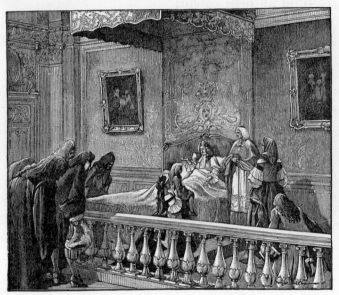

LOUIS QUATORZE MOURANT FAIT SES RECOMMANDATIONS A SON HÉRITIER

ment, comme il les aurait donnés pour une prome- 5
nade.

Voyant ses domestiques pleurer, il leur a dit:
« Pourquoi pleurez-vous? Avez-vous cru que je
ne mourrais pas? »

Il a fait venir son arrière-petit-fils. C'est le 10
petit enfant que vous voyez sur le lit. Il est
l'héritier du roi qui a perdu son fils et son petit-fils.

A ce moment-là, Louis Quatorze se souvient

que son peuple a souffert par sa faute. Il regrette d'avoir fait trop souvent la guerre, et dépensé trop d'argent en construisant des châteaux et en donnant des fêtes.

5 Il dit au petit enfant:

« J'ai trop aimé la guerre; ne m'imitez pas en cela, non plus que dans les trop grandes dépenses que j'ai faites.»

Ainsi Louis Quatorze confessa les grandes fautes
10 *qu'il avait commises et mourut avec un beau courage.*

RÉSUMÉ

1. Louis Quatorze était très poli, mais *très fier*. On avait peur de lui parler.

2. Louis Quatorze passait sa vie en *cérémonie;* on le servait comme s'il avait été un dieu.

3. Louis Quatorze donnait au château de *Versailles* de *belles fêtes* dont on parlait dans le monde entier.

4. Louis Quatorze travaillait souvent avec ses ministres. Le plus célèbre fut *Colbert*, qui tenait les comptes du roi et faisait encore beaucoup d'autres choses.

5. Au temps de Louis Quatorze on était dur pour les malheureux. Les pauvres gens de *Rennes*, qui se révoltèrent, furent chassés de leurs maisons et de la ville.

6. Louis Quatorze voulut forcer les protestants à se faire catholiques. Il envoya aux *galères* ceux qui ne lui obéirent pas.

7. Louis Quatorze mourut en 1715, à l'âge de soixante-dix-sept ans. En mourant, il regretta d'avoir tant fait la guerre et dépensé tant d'argent.

QUESTIONNAIRE

Pourquoi avait-on peur quand on parlait à Louis Quatorze ?

Racontez ce qui se passait quand le roi demandait à boire.

Regardez l'image de la page 125. Que fait Colbert ? Pourquoi se frotte-t-il les mains ?

Regardez l'image de la page 127. Qu'avaient fait les pauvres gens que l'on chasse de Rennes ? Comment ont-ils été punis ?

Qu'est-ce qu'a dit Louis Quatorze mourant à son arrière-petit-fils ?

AU TEMPS DE LOUIS QUINZE

La prison du Petit-Châtelet

Un mousquetaire   *Un gendarme*

CHAPITRE QUINZE

LES INJUSTICES QU'IL Y AVAIT EN FRANCE

1. Un mauvais roi. — Louis Quinze devint roi
à cinq ans. C'était un enfant très joli. Il avait
de grands yeux noirs, avec de longs cils qui frisaient. Ses joues étaient roses.

5   Il fut gâté pendant son enfance. Ses maîtres
ne l'obligeaient pas à travailler. Le maître qui
venait lui apprendre le latin apportait un jeu de
cartes et il le faisait jouer quand la leçon paraissait l'ennuyer. Vous voyez que le petit roi a
10 jeté ses livres par terre et qu'il lève sa carte avec
plaisir.

Il n'était pas bon. Il s'amusait à égorger des
oiseaux. Il avait une biche apprivoisée qui lui
faisait des caresses. Un jour, il tira sur elle un
15 coup de fusil et la tua.

Il ne devint pas meilleur en grandissant. Très égoïste, il n'aima jamais que lui. Il resta très paresseux et ne s'occupa que de ses plaisirs.

Avant lui, la France était le premier pays du monde. Par sa faute, elle perdit beaucoup de sa 5

LOUIS QUINZE ENFANT JOUE AUX CARTES

puissance. Louis Quinze a été le plus mauvais des rois de France.

2. La misère des paysans. — Sous le mauvais roi Louis Quinze, les Français commencèrent à se plaindre de beaucoup de choses. 10

Les paysans n'étaient plus si malheureux que vous l'avez vu à la page 36; mais beaucoup avaient encore bien de la peine à vivre.

Quand un paysan était en train de labourer son

champ, le seigneur pouvait l'envoyer chercher.
Alors le pauvre homme quittait sa charrue. Il
allait au château, et le seigneur le faisait travailler
à n'importe quoi sans le payer.

5 Quand le paysan avait fait sa moisson, il était
obligé d'en donner une partie à son seigneur et
une partie au curé.

FAMILLE PAYSANNE MANGEANT SA BOUILLIE

Il payait aussi des impôts au seigneur et il en
payait au roi. Il ne lui restait presque pas d'ar-
10 gent pour lui.

Vous vous rappelez que le roi Henri Quatre
voulait que chaque paysan pût mettre la poule
au pot le dimanche; mais bien peu en avaient le
moyen.

15 Regardez une famille paysanne en train de

dîner. De mauvaises planches posées sur des tré-
teaux servent de table. Au milieu de la table
est une marmite. Les pauvres gens y puisent
avec des cuillers de bois. Ce qu'ils mangent, c'est
une bouillie d'avoine ou bien de seigle, ou bien 5
de châtaignes. Le pain qu'ils mangeaient était
du pain noir.

Pourtant c'étaient les paysans qui labouraient
la terre, qui semaient le blé et le récoltaient. Ils
nourrissaient le royaume. C'était une injustice 10
de les laisser dans la misère.

3. Un terrible impôt. — En ce temps-là, le
sel ne se vendait pas comme aujourd'hui chez
les épiciers. Tout le sel appartenait au roi, qui
le faisait vendre dans des magasins par des com- 15
mis.

Le sel était vendu si cher que les pauvres
n'avaient pas le moyen de le payer.

Des contrebandiers le vendaient à bon marché. Ils l'apportaient dans les maisons, le plus 20
souvent la nuit, et ceux qui en achetaient le
cachaient.

Mais les commis avaient le droit d'entrer dans
les maisons pour voir si du sel n'y était pas caché.
C'étaient des gens très méchants. Les paysans 25
avaient peur quand ils les voyaient entrer chez
eux.

Vous voyez, page 136, des commis qui fouillent
une maison. Ils ont découvert un sac de sel qui
était caché dans des fagots. Un des commis prend 30
par le bras le père de famille. Il va le conduire en

prison.   La mère et les enfants pleurent.   Ils se-
ront longtemps sans revoir le malheureux, car,

DES COMMIS CHERCHENT DU SEL DE CONTREBANDE DANS UNE MAISON

lorsqu'on avait acheté du sel à un contrebandier,
on était puni comme si on avait commis un grand
5 crime.

*Punir si sévèrement pour une chose comme celle-là,
c'était une injustice.*

4. Jeune colonel et vieil officier. — Vous voyez
sur l'image, page 137, un colonel à cheval. Il
passe la revue de son régiment. Il est jeune, il a
vingt ans.

Il parle à un lieutenant. Ce lieutenant est vieux. Il a reçu des blessures à la guerre.

JEUNE COLONEL ET VIEIL OFFICIER

Le jeune homme est déjà colonel parce qu'il est riche. En ce temps-là, on achetait le grade de colonel, qui coûtait fort cher. Il fallait aussi, pour devenir colonel, avoir des amis auprès du roi. Le vieil officier est pauvre; il n'a pas d'amis auprès du roi. Il a beau être brave et bien faire son service. Il ne sera jamais colonel.

Ainsi, dans ce temps-là, des hommes arrivaient aux belles places sans les avoir méritées. D'autres hommes qui avaient du mérite n'étaient pas récompensés. C'était une injustice.

5. La prison sans jugement. — Peut-être avez-vous déjà vu passer un homme entre deux gendarmes qui le conduisaient en prison.

Quand l'homme est en prison, on lui dit pourquoi on l'y a mené. On le conduit devant les juges. On l'interroge; il répond. S'il est condamné, il sait à quoi on le condamne, par exemple à huit jours de prison, ou bien à un an, ou bien à dix ans.

Autrefois, le roi avait le droit de faire mettre des gens en prison sans dire pourquoi, sans les faire juger et sans dire pour combien de temps.

Vous voyez un carrosse devant une porte et des
5 mousquetaires à cheval devant et derrière le carrosse. Un homme sort de la maison entre deux soldats. On va le conduire en prison par ordre du roi. Cet homme n'a pas tué, il n'a pas volé. Il

UN HOMME CONDUIT EN PRISON PAR ORDRE DU ROI

a seulement dit des choses qui ont déplu au roi
10 ou bien à un seigneur.

Il restera en prison sans être jugé. Il y restera quelques mois ou quelques années, ou toujours.

Ces emprisonnements sans jugement étaient une injustice.

6. Le roi faisait tout ce qu'il voulait. — Le roi de France faisait tout ce qu'il voulait. Personne n'avait le droit de l'en empêcher.

Il dépensait follement. A Versailles, des milliers de personnes vivaient autour de lui pour le servir.

Les princes et les princesses de la famille royale avaient beaucoup de serviteurs. Des enfants de votre âge étaient servis par quatre-vingts personnes.

Le roi avait dans son écurie plus de deux mille chevaux, et deux cents voitures dans ses remises.

Il fallait des millions pour nourrir, loger et payer cette foule de gens qui vivaient à ne rien faire.

Le roi ne s'en inquiétait pas. Il demandait à son peuple autant d'argent qu'il voulait, et son peuple était obligé de payer.

> *Dépenser tant d'argent quand les pauvres gens n'avaient pas de quoi manger de la viande ni de bon pain, c'était une injustice.*
>
> *On commença de se plaindre tout haut. Des écrivains réclamèrent contre toutes les injustices.*

RÉSUMÉ

1. *Louis Quinze*, dès son enfance, fut méchant et paresseux. Devenu grand, il fut le plus *mauvais des rois de France.*

2. Alors, les paysans étaient *malheureux.* Ils avaient à peine de quoi manger. C'était *injuste.*

3. Ceux qui achetaient du sel à des contrebandiers étaient punis comme s'ils avaient commis un grand crime. C'était *injuste.*

4. Pour devenir colonel, il fallait être riche et avoir des amis auprès du roi. C'était *injuste*.

5. Le roi pouvait faire mettre des gens en prison *sans les faire juger* et les y faire rester autant qu'il voulait. C'était *injuste*.

6. Le roi faisait tout ce qu'il voulait. Il dépensait un argent fou. *Tout le monde se plaignait.*

QUESTIONNAIRE

Par qui et pourquoi les paysans étaient-ils dérangés quand ils labouraient ?

A qui les paysans payaient-ils des impôts ?

Qui revendait le sel dans ce temps-là ?

Regardez l'image de la page 136. Racontez ce qui se passe dans cette maison.

Que fallait-il pour devenir colonel ? Pourquoi le lieutenant que vous voyez page 137 ne sera-t-il pas colonel ?

Pouvait-on être mis en prison sans avoir tué ni volé ?

Pourquoi le roi dépensait-il tant d'argent ?

LA CHAISE À PORTEURS

AU TEMPS DE LA RÉVOLUTION
Enfants jouant à la guerre

LIVRE SIX

LA RÉVOLUTION

CHAPITRE SEIZE

LE COMMENCEMENT DE LA RÉVOLUTION

Le mauvais roi Louis Quinze ne fit aucune attention aux plaintes contre les injustices.

Il disait que cela lui était égal, et que les injustices dureraient bien autant que lui, et qu'après arriverait ce qui pourrait.

Ce qui arriva au temps du malheureux roi Louis Seize, ce fut une révolution, c'est-à-dire que tout fut changé en France tout d'un coup.

1. La faiblesse du roi Louis Seize. — Louis Seize avait un bon cœur. Il aurait voulu voir tout le monde heureux dans son royaume.

Mais il était bien jeune, il n'avait que vingt ans. Puis il n'était pas très intelligent.

Son plus grand plaisir était de chasser. Il chassait plusieurs heures tous les jours.

LOUIS SEIZE FORGEANT

Il s'amusait aussi à forger le fer. Vous le voyez travailler dans une salle arrangée en atelier.

Il avait besoin de se donner de l'exercice parce qu'il était gros et parce qu'il mangeait trop.

Le pire, c'est qu'il n'avait pas de volonté. Il ne savait se décider à rien. Il était toujours de l'avis de la dernière personne qui lui parlait.

Il n'était pas fait pour être roi. Ce fut un grand malheur pour lui de devenir roi de France.

25 **2. Louis Seize obligé de convoquer une assemblée de députés.** — Louis Seize se trouva dans un grand embarras parce qu'il avait des dettes à cause des grandes dépenses, et pas d'argent pour les payer. Il fit nommer des députés pour leur 30 demander l'argent dont il avait besoin. Les députés se réunirent à Versailles le 5 mai 1789.

A gauche de l'image, vous voyez un des députés qui ont été élus par les évêques et par les prêtres, et qu'on appelait les députés du *clergé;* ils portaient un beau costume, une robe et un manteau orné.

Au milieu est un des députés qui ont été élus 5 par les nobles et qu'on appelait députés de la

DÉPUTÉ DU CLERGÉ   DE LA NOBLESSE   DU TIERS ÉTAT

noblesse. Leur habit, leur manteau et leur culotte étaient de soie noire et leur gilet d'étoffe dorée. Les boutons de leur gilet étaient en or. Ils portaient un chapeau orné de plumes. 10

A droite un des députés nommés par les Français qui n'étaient ni prêtres ni nobles et qu'on appelait les députés du *tiers état.* Ils étaient habillés de simple drap noir, n'avaient ni boutons d'or à l'habit ni plumes sur leurs chapeaux. 15

Vous voyez qu'à côté d'un député du clergé et d'un député de la noblesse, un député du tiers état avait presque l'air d'un pauvre homme.

Pourtant les députés du tiers état pensaient qu'ils valaient autant, et même plus que ceux du clergé et de la noblesse.   En effet, il y avait en France vingt-cinq millions de gens du tiers état, et seule-
5 *ment quatre ou cinq cent mille prêtres et nobles.*

3. La prise de la Bastille. — Les députés du tiers état voulaient supprimer toutes les injustices.

LES PARISIENS ENTRENT DANS LA BASTILLE (14 JUILLET 1789)

Ils voulaient aussi que le roi n'eût plus le droit de faire tout ce qui lui plaisait.
10   Pour faire peur aux députés le roi réunit des troupes à Versailles.   Alors les Parisiens se révoltèrent. Le 14 juillet 1789, ils attaquèrent le château de la Bastille.   L'image vous montre la foule, au moment où elle entre par la porte qui vient d'être brisée.

Elle avait combattu plusieurs heures; quelques centaines de personnes avaient été tuées.

Je vous ai dit que le roi faisait mettre des hommes en prison, quand cela lui plaisait. C'était à la Bastille que ces hommes étaient emprisonnés. 5

A cause de cela, la Bastille était détestée par les Parisiens. Dans toute la ville, on chanta et on dansa, quand on apprit qu'elle avait été prise.

En souvenir de cet événement, le 14 juillet est le jour de notre fête nationale. 10

4. Les Parisiens vont chercher le roi à Versailles.

— C'étaient là des choses bien extraordinaires. Dans toute la France, on en parlait. On était très inquiet. Le commerce n'allait plus. A Paris, le pain était si cher que les pauvres ne 15 pouvaient plus en acheter.

Ils crurent que, si le roi venait habiter Paris, le pain deviendrait moins cher. Ils décidèrent d'aller chercher la famille royale à Versailles.

Ils partirent plusieurs milliers, armés de fusils 20 et de lances. Dans cette foule, il y avait surtout des femmes. Elles criaient plus haut que les autres: «Du pain! Du pain!»

On eut grand peur à Versailles quand on les vit arriver. Le roi n'osa pas résister à cette 25 foule; il monta en voiture avec la reine Marie-Antoinette et ses deux enfants, un garçon et une fille.

Vous voyez la voiture (page 146) au moment où elle va entrer dans Paris. Regardez cet homme du 30 peuple, qui a le fusil sur l'épaule, et la main levée.

Il montre le roi en criant: «Le voilà! nous le ramenons!»

Dans la voiture, la reine est assise entre les enfants. Le roi, en face d'eux, baisse la tête.

LE ROI EST AMENÉ DE VERSAILLES À PARIS

5   Louis Seize et sa famille furent conduits au château des *Tuileries.*

A partir de ce moment-là, le roi est comme prisonnier dans Paris.

RÉSUMÉ

1. *Louis Seize* avait un bon cœur, mais il ne savait pas gouverner. Il était faible de caractère.

2. Il fut obligé de convoquer une assemblée de députés qui se réunit à Paris *le 5 mai 1789.*

3. Louis Seize ne voulait pas faire ce que l'assemblée demandait. Les Parisiens se révoltèrent et prirent *la Bastille, le 14 juillet 1789.*

4. Les Parisiens allèrent chercher Louis Seize à Versailles et le ramenèrent à Paris pour le mieux surveiller.

QUESTIONNAIRE

Quel était le grand défaut de Louis Seize?

Pourquoi fut-il obligé de faire nommer une assemblée de députés? En quelle année?

Regardez l'image de la page 143. Comment étaient habillés les députés de la noblesse et ceux du tiers état?

Dites ce que voulaient les députés du tiers état.

Quand la Bastille fut-elle prise?

Pourquoi le 14 juillet est-il le jour de la fête nationale?

Pourquoi une troupe de Parisiens est-elle allée chercher le roi à Versailles?

Racontez le voyage du roi de Versailles à Paris.

COCHE DU TEMPS DE LOUIS SEIZE

AU TEMPS DE LA RÉVOLUTION

La prison du Temple

Homme du peuple   *Femme du peuple*

CHAPITRE DIX–SEPT

LA MORT DU ROI

1. La fuite de Louis Seize. — Quelque temps après qu'il avait été amené à Paris, le roi essaya de s'enfuir. Une nuit, il monta en voiture avec sa famille. Il s'était habillé en domestique, pour
5 n'être pas reconnu.

Mais à Paris on s'était aperçu de son départ. On avait envoyé partout l'ordre de le faire arrêter. Il fut arrêté à *Varennes,* petite ville du pays de Champagne.

10 On le conduisit chez un épicier qui était maire de Varennes. C'est là que vous le verrez sur l'image page 149.

La nuit était venue. La famille royale est réunie dans une chambre derrière la boutique. La
15 chambre est éclairée par une chandelle. Le roi

est assis. Sa figure est inquiète et triste. Sa fille
et son fils dorment dans un lit où on les a couchés
tout habillés. La reine Marie-Antoinette regarde
fièrement vers la porte, où sont debout des hommes armés de fusils.   5

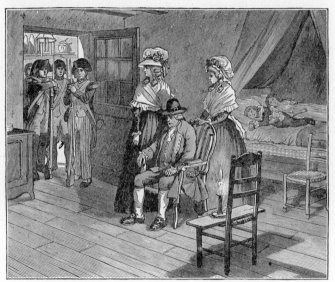

LE ROI, LA REINE ET LEURS ENFANTS, DANS L'ÉPICERIE DE VARENNES

La famille royale fut ramenée à Paris. Deux
députés que l'Assemblée avait envoyés s'assirent
avec elle dans la voiture. Il faisait très chaud.
On étouffait. La voiture allait lentement. Le roi
entendit de grosses injures que criaient des gens 10
accourus pour le voir passer.

A Paris, personne ne salua le roi. Il fut enfermé
aux Tuileries. Des sentinelles mises aux portes
l'empêchèrent de sortir même pour aller au jardin.

2. Louis Seize à la prison du Temple. — Le roi espérait toujours redevenir le maître comme il l'avait été autrefois.

Il demanda à l'empereur d'Allemagne, qui était
5 le frère de la reine, de venir le délivrer. Une
armée ennemie envahit la France.

Alors il y eut une grande colère contre le roi,
qui avait appelé des étrangers pour combattre
son peuple.

10   Le 10 août 1792, des insurgés, armés de fusils
et de canons, marchèrent sur les Tuileries.

Des soldats de la garde du roi défendaient le
château.

Le combat dura deux heures. Des deux côtés,
15 des centaines d'hommes tombèrent blessés ou tués.

Le roi s'était réfugié dans l'Assemblée des députés qui était tout près des Tuileries. Il envoya
l'ordre à ses soldats de ne plus tirer.

La foule massacra un grand nombre de ces mal-
20 heureux soldats. Elle entra dans le château, où
elle brisa les meubles et les vitres.

La famille royale fut conduite à la prison du
Temple.

C'était un vieux château; les murs en étaient
25 très hauts, comme ceux de la Bastille. Les fenêtres
très petites étaient garnies de gros barreaux de fer.

La famille royale était surveillée par des gardiens pendant le jour et pendant la nuit.

3. Les derniers moments de Louis Seize. —
30 Alors on nomma une nouvelle assemblée de députés
qu'on appela la *Convention nationale*.

La Convention ordonna le 22 septembre 1792 qu'il n'y aurait plus de roi en France et elle proclama la république.

La Convention condamna à mort le roi parce qu'il avait appelé en France les étrangers.

L'image vous montre Louis Seize et sa famille

LES ADIEUX DE LOUIS SEIZE À SA FAMILLE

réunis pour la dernière fois. Derrière la porte vitrée, les gardiens de la prison regardent.

La reine est debout près du roi qui est assis. Les deux enfants sont à genoux: le roi étend les mains vers son fils et sa fille pour leur donner sa bénédiction. Tous les quatre pleurent. Les gardiens entendent les sanglots et les cris. Mais le roi n'a pas peur de la mort. Il est calme et résigné.

Il fallut bien se séparer. Le roi embrassa une dernière fois sa femme et ses enfants.

Puis il fit venir un prêtre pour se confesser, et il acheva la journée en priant.

Le lendemain, il mourut sur l'échafaud avec un admirable courage.

RÉSUMÉ

1. Louis Seize essaya de s'enfuir, il fut arrêté et ramené à Paris.

2. Louis Seize, pour redevenir le maître, appela les ennemis en France. Il fut enfermé à la prison du Temple.

3. Une nouvelle assemblée de députés, la Convention nationale, mit la France en *république*, le 22 septembre 1792. Louis Seize fut condamné à mort et guillotiné.

QUESTIONNAIRE

Racontez comment Louis Seize s'est enfui de Paris; comment il y est revenu.

Pourquoi le peuple de Paris s'est-il révolté le 10 août 1792 ?

Comment s'appelle l'assemblée qui se réunit alors ?

Quel jour et en quelle année a-t-elle remplacé la royauté par la république ?

Pourquoi Louis Seize fut-il condamné à mort ?

Racontez les adieux de Louis Seize à sa famille.

UN VAISSEAU À VOILES AU TEMPS DE LOUIS SEIZE

AU TEMPS DE LA TERREUR

Tribunal révolutionnaire

Un soldat   *Un officier*

CHAPITRE DIX-HUIT

LA GUERRE ET LA TERREUR

1. Une belle victoire. — Vous avez vu qu'avant
la mort de Louis Seize, les ennemis étaient entrés
en France. C'étaient des Prussiens et des Autrichiens.

Un jour du mois de septembre 1792, notre armée 5
était rangée sur une colline près de *Valmy*, un petit
village du pays de Champagne. Beaucoup de nos
soldats étaient très jeunes; ils n'avaient pas encore été à la guerre, au lieu que les ennemis étaient
tous de vieux soldats, habitués à se battre. 10

Le général Kellermann commandait notre armée.
L'image, page 155, vous le montre à cheval près d'un
moulin. Il voit les ennemis marcher vers la colline;
il a mis son chapeau au bout de son épée, et crie:

«Vive la France!» Nos canons tirent; les musiques jouent; nos soldats crient: «Vive la France!»

Les ennemis furent très étonnés, car ils avaient cru que les Français se sauveraient tout de suite. Ils s'arrêtèrent, et les deux armées se battirent de loin à coups de canon.

Nos soldats ne bronchèrent pas. Un d'eux apprit que son frère, qui était au premier rang, venait d'être tué. Il demanda la permission d'aller l'embrasser. Il y alla, embrassa son frère, puis il se releva en pleurant, cria: «Vive la France!» et retourna à sa place.

A la fin, les Prussiens s'en allèrent. Ils retournèrent dans leur pays, honteux d'avoir été vaincus.

Nos jeunes soldats furent courageux, et ils furent victorieux parce qu'ils aimaient de tout leur cœur la France notre patrie.

2. La Terreur. — Après la mort de Louis Seize, tous les rois de l'Europe s'unirent pour faire la guerre à la France.

Il y avait en France des pays comme la *Bretagne* et la *Vendée* qui regrettaient le roi. Ils se révoltèrent contre la République.

La France eut alors à se défendre contre les rois qui l'attaquaient de tous les côtés et contre les révoltés. Elle se trouva en grand danger.

Il se passa des choses terribles.

La Convention fit mettre en prison ceux qui n'aimaient pas la République. Ils furent jugés par un tribunal appelé le *tribunal révolutionnaire.*

KELLERMANN, À VALMY, LÈVE SON CHAPEAU EN L'AIR. IL CRIE ET
TOUS LES SOLDATS CRIENT: « VIVE LA FRANCE ! »

Tous les jours, une charrette sortait de la prison.
Elle était chargée de condamnés. On la conduisait sur une place où la guillotine était dressée.

L'image vous montre la charrette au moment
5 où elle arrive sur la place.

LA CHARRETTE DES CONDAMNÉS

Il s'y trouve des hommes et des femmes. Autour
d'eux, la foule pousse des cris. Une femme hur-
lante montre aux condamnés la guillotine que vous
apercevez au loin. Un homme est debout à côté
10 de la guillotine. C'est le bourreau qui, tout à
l'heure, coupera les têtes.

Plus de deux mille cinq cents personnes furent

guillotinées à Paris. Un plus grand nombre furent exécutées dans le reste de la France.

On appelle ce temps-là le temps de la Terreur. Il n'y a pas eu de plus affreux moment dans toute l'histoire de France. 5

3. Les soldats de la République. — Nos soldats défendirent la France contre tous les rois. Quels braves soldats c'étaient! Ils n'avaient peur de rien.

Il y en a un qui nous a raconté son histoire, et 10 c'est une belle histoire.

Il s'appelait *Bricard* et il était ouvrier tapissier à Paris. Il s'engagea au moment où les Prussiens et les Autrichiens entraient en France.

La République n'était pas riche. Elle n'avait 15 pas de quoi habiller ses soldats. L'uniforme de Bricard était en loques et souvent il marchait pieds nus.

Une fois, il resta vingt-quatre heures sans rien manger. Il fut bien content de trouver un oignon 20 qu'il avala tout cru.

Un soir, une troupe, où était Bricard, arriva près des ennemis. Elle avait marché pendant des heures sous la pluie. Bricard était trempé jusqu'aux os. 25

La troupe eut l'ordre de se tenir dans un bas-fond, pour n'être pas vue par les ennemis, qu'elle devait attaquer le lendemain matin.

Le sol était humide, on y enfonçait jusqu'aux genoux. Il était impossible de se coucher ou de 30 s'asseoir. Vous voyez nos soldats debout, serrés

les uns contre les autres.   Ils ne se plaignent pas.
Un vieux soldat, que vous voyez étendant la main,
raconte des histoires pour faire rire les camarades.
Derrière lui, les camarades rient aux éclats.

PATIENCE ET GAIETÉ DES SOLDATS DE LA RÉPUBLIQUE

5   Quand le matin arriva, nos soldats attaquèrent
l'ennemi et ils furent vainqueurs.

Après avoir fait la guerre pendant dix ans, Bricard revint à Paris et il reprit son métier de
tapissier.

> *Il y eut en ce temps-là beaucoup de braves comme Bricard,*
> *qui supportèrent toutes les souffrances et bravèrent tous les*
> *dangers pour servir la Patrie et la République.*

RÉSUMÉ

1. Les Prussiens voulaient prendre Paris. L'armée française les battit à *Valmy* en 1792.

2. Au temps de la *Terreur* beaucoup de Français, qui n'aimaient pas la République, furent guillotinés.

3. Nos soldats *défendirent bravement la patrie* contre tous les ennemis et les battirent presque toujours.

QUESTIONNAIRE

Quels ennemis sont entrés en France en 1792 ?

Que fit le général Kellermann quand il vit les Prussiens s'avancer à Valmy ?

Que fit à Valmy le jeune soldat qui apprit que son frère venait d'être tué ?

Contre qui la France eut-elle à se défendre après la mort de Louis Seize ?

Expliquez l'image de la page 156. Qui est dans la charrette ? Qu'est-ce que montre la femme qui est près de la charrette, le bras tendu ?

Quand Bricard s'est-il engagé ? Comment était-il habillé ? Comment était-il nourri ?

Pourquoi nos soldats étaient-ils si braves ?

AU TEMPS DU PREMIER EMPIRE
Enfants jouant à Napoléon

LIVRE SEPT

NAPOLÉON

CHAPITRE DIX–NEUF

LES VICTOIRES

En l'année 1795, la Convention se sépara. Il y eut alors un gouvernement qu'on appela le Directoire.

C'est pendant le Directoire que Napoléon Bonaparte devint célèbre.

1. La jeunesse de Napoléon. — *Napoléon Bonaparte* est né en l'année 1769 à *Ajaccio* dans l'île de *Corse.* Son père, qui n'était pas riche, eut de la peine à élever ses huit enfants.

5   A l'âge de dix ans, Napoléon fut envoyé en France pour se préparer à être officier.

Il commença ses études au collège de *Brienne,*
une petite ville du pays de Champagne.

Il n'était pas beau à ce moment-là. Il avait
un teint jaune, des yeux enfoncés, des joues creuses
et des cheveux mal
peignés.

Il parlait mal le
français. Dans sa
famille, on parlait le
corse, qui est un patois
italien. La première
fois que le professeur
lui demanda son nom
en classe, Napoléon
le prononça comme
on le prononçait à
Ajaccio: *Napolioné.*

Ses camarades se
moquèrent de lui et ils
l'appelèrent *la paille
au nez.*

Il aimait à être seul.
Vous le voyez assis sur
un banc. Il est oc-

NAPOLÉON AU COLLÈGE DE BRIENNE

cupé à réfléchir. Des camarades, pour le faire enra- 25
ger, l'appellent en criant: «Ohé! la paille au nez!»

En 1784, à l'âge de quinze ans, il fut reçu à
l'École militaire de Paris. A la fin de l'année, il
fut nommé sous-lieutenant d'artillerie.

2. Napoléon au pont d'Arcole. — A l'âge de 30
vingt-six ans, Napoléon fut nommé général. Il

alla commander l'armée française qui faisait la
guerre en Italie contre les Autrichiens.

On n'avait pas encore vu un général pareil
à lui.

5   Il faisait marcher ses troupes dix fois plus vite
que les autres généraux.   Il arrivait devant les
ennemis au moment où ils ne l'attendaient pas.

NAPOLÉON AU PONT D'ARCOLE

Il faisait semblant de les attaquer d'un côté,
puis tout à coup, il les attaquait d'un autre côté.

10   Les Autrichiens n'y comprenaient rien, et ils
étaient toujours battus.

Avec sa seule armée, Napoléon battit cinq armées autrichiennes.

Il était très brave dans les batailles.

15   Un jour, il arriva devant un pont construit sur
des marécages, près d'un petit village qu'on appelle *Arcole*.

Le pont était gardé par des ennemis qui tiraient. Les soldats n'osaient pas avancer.

Napoléon prend un drapeau, et s'élance sur le pont. Vous le voyez en avant, presque seul, tenant haut le drapeau. C'est un miracle qu'il n'ait 5 pas été tué ce jour-là.

Les soldats, en voyant la bravoure de leur général, furent honteux de leur peur. Ils s'élancèrent sur le pont.

Il y eut alors une mêlée. Napoléon tomba dans 10 le marécage. Les soldats le délivrèrent. Ils aimaient leur jeune général qui les commandait si bien.

Dans toute la France on parla du pont d'Arcole et des belles victoires de Napoléon. 15

3. Le passage de la montagne. — En l'année 1799, Napoléon fut nommé *Premier consul*. Alors, il devint le maître de la France comme l'avaient été les anciens rois.

Il alla encore une fois combattre les Autrichiens 20 en Italie. Il voulait les surprendre en passant par un chemin qu'on ne pouvait pas croire qu'il prendrait. Il décida que l'armée monterait sur le mont *Saint-Bernard*, pour redescendre en Italie.

Cette montagne est haute de plus de deux mille 25 mètres; cela fait plus de cent fois la hauteur de votre clocher. Aucune route ne conduisait en haut. Il n'y avait que des sentiers pierreux entre des rochers d'un côté et des précipices de l'autre.

Le plus difficile, ce fut de faire monter les canons. 30 On mit chaque canon dans un tronc d'arbre creusé.

Des soldats placés l'un derrière l'autre tiraient
sur une corde attachée à l'arbre.   Un de ces
braves nous a raconté l'histoire de cette montée.
Il s'appelait *Coignet*.   C'est lui que vous voyez
5 en tête.   Ses camarades l'appelaient le *cheval de*

LE PASSAGE DU MONT SAINT-BERNARD

devant, et ils criaient: «Hue, Coignet! hue!» Et
Coignet riait, les camarades aussi.

Enfin, les soldats arrivèrent en haut.   Ils
avaient les pieds écorchés par la marche, et les
10 mains déchirées par les cordes.

L'armée descendit l'autre côté de la montagne
en Italie.   Et Napoléon battit les Autrichiens
comme il en avait l'habitude.

4. Napoléon à Austerlitz. — En l'année 1804,
15 Napoléon fut élu empereur par le peuple français.

Comme les Autrichiens étaient encore en guerre avec nous, il voulut aller les battre dans leur pays.

Il les attaqua près d'*Austerlitz*. Vous le voyez sur son cheval; quelques officiers sont derrière lui.

Il est coiffé d'un petit chapeau sans galons, ni 5 dorure. Il est vêtu d'une simple redingote grise.

NAPOLÉON À AUSTERLITZ

Il regarde au loin ses soldats qui attaquent les ennemis rangés sur une colline.

Il écoute le bruit des coups de fusil et des coups de canon, et la voix de ses soldats qui chantent: 10

«On va leur percer le flanc.
Ra ta plan, tire lire lire.»

Les musiques accompagnent la chanson des soldats. C'est un bruit d'enfer.

Il est content, l'Empereur. Nos soldats ont 15 escaladé la colline, baïonnette en avant; les ennemis se sauvent.

Il est content. Il lève le bras. Savez-vous pour
quoi faire? Il va priser. Toutes les fois qu'il
était content, il prenait prise sur prise de tabac.

Le lendemain, il dit à ses soldats: «Soldats,
5 je suis content de vous! Quand vous serez retournés en France, il vous suffira de dire: *J'étais
à Austerlitz*, *pour qu'on vous réponde:* «*Voilà un
brave*».

RÉSUMÉ

1. *Napoléon* fait ses études au collège de Brienne pour
être officier.

2. Il est nommé général à 26 ans; il bat les Autrichiens et montre sa valeur au pont d'*Arcole*.

3. Napoléon passe le *mont Saint-Bernard* et bat encore
les Autrichiens en Italie.

4. Napoléon, nommé *empereur* en 1804, gagne, l'année d'après, la grande bataille d'*Austerlitz*.

QUESTIONNAIRE

Pourquoi les camarades de
Napoléon se moquaient-ils de
lui à Brienne?

A quel âge Napoléon a-t-il
été nommé général?

Regardez l'image de la page
162. Pourquoi Napoléon est-
il seul en avant sur le pont?

Regardez l'image de la page
164. Comment s'appelle la
montagne où sont les soldats?
Que font-ils?

En quelle année Napoléon
a-t-il été nommé Empereur?

Expliquez l'image de la
page 165. Où est Napoléon?
Comment est-il habillé? Que
fait-il?

AU TEMPS DE NAPOLÉON

Son tombeau à Sainte Hélène

Un soldat anglais.   *Un soldat russe*

CHAPITRE VINGT

LES REVERS

Napoléon remporta encore bien d'autres victoires. Mais il aimait trop la guerre.

Il voulut commander en Europe comme il commandait en France où il était le maître comme avaient été les rois.

Après avoir battu les Autrichiens, les Prussiens, les Espagnols, il déclara la guerre à l'Empereur de Russie.

Cette guerre fut désastreuse.

1. La retraite de Russie. — Après de rudes batailles, Napoléon arriva à *Moscou*, capitale de la Russie. Mais les habitants avaient quitté la ville en y mettant le feu.

Napoléon espérait que les Russes lui demande- 5 raient la paix et que l'Empereur de Russie se

soumettrait à ses volontés.   Mais les Russes ne
lui demandèrent rien.

Napoléon voulait rester à Moscou quand même;
mais l'hiver vint.   Il était impossible de tenir plus
5 longtemps.   L'armée serait morte de faim.

L'Empereur ordonna le retour vers la France.

SOLDATS AFFAMÉS PENDANT LA RETRAITE DE RUSSIE

Le froid devint terrible.   Les routes étaient
gelées et brillaient comme des miroirs.

La neige tomba par gros flocons pendant des
10 jours et des jours, des nuits et des nuits.   Les
soldats en étaient tout recouverts.   On aurait dit
des statues blanches qui marchaient.

Ils ne parlaient pas.   Sur la neige, la marche ne
faisait pas de bruit.   C'était un silence de mort.
15 A chaque instant, des soldats à bout de force
tombaient pour ne plus jamais se relever.

Vous voyez quelques soldats arrêtés dans un village désert. Un cheval affamé tire la paille des toits pour la manger. Des soldats se penchent sur un cheval qui vient de tomber. Avec leurs sabres, ils découpent des morceaux de chair, qu'ils dévore- 5 ront toute crue.

Hommes et bêtes moururent par milliers. L'immense route se couvrit de cadavres.

L'armée de Napoléon était de cinq cent mille hommes quand elle entra en Russie. Trois cent 10 *mille hommes y restèrent, morts, blessés ou prisonniers.*

2. Waterloo. — Après la retraite de Russie, tous les rois que Napoléon avait vaincus se réunirent contre lui. Leurs armées entrèrent en France. 15

Elles prirent Paris.

Napoléon fut obligé de quitter la France. Mais il y revint et la guerre recommença en 1815.

L'Empereur alla attaquer une armée anglaise auprès de *Waterloo*, un petit village de Belgique. 20

Les Anglais allaient être battus; mais voici qu'on entend une fusillade et une canonnade. C'était une armée prussienne qui arrivait au secours des Anglais.

La bataille continue. Napoléon espère encore 25 la victoire. Mais voici qu'on entend encore une fusillade et une canonnade. Et c'est une seconde armée prussienne qui arrive.

Le soir venait. Il y avait huit heures que nos soldats se battaient par une journée de juin très 30 chaude. Ils étaient accablés de fatigue.

Des voix crient: « Sauve qui peut! » Une troupe
des plus vieux soldats de l'Empereur se forme en
carré. Elle se défend avec un admirable courage.
Le reste de l'armée s'enfuit.

5   Alors l'Empereur veut mourir. Vous le voyez
au moment où il vient de tirer son épée. Mais un

NAPOLÉON À LA FIN DE LA BATAILLE DE WATERLOO

vieux soldat prend son cheval par la bride. Les
généraux le supplient de quitter le champ de
bataille.

10   L'Empereur se laissa emmener. Il retourna à
Paris. Mais il ne put y rester longtemps. Les
ennemis approchaient, il n'avait plus de soldats.
Il voulut aller en Angleterre, espérant que les
Anglais le laisseraient vivre dans leur pays.

Les Anglais l'envoyèrent très loin, dans l'île de Sainte-Hélène où il mourut, après avoir longtemps souffert de mauvais traitements.

RÉSUMÉ

1. Napoléon remporta encore beaucoup d'autres victoires. Mais *il aimait trop à faire la guerre*. Il attaqua l'Empereur de Russie, qui ne voulait pas lui obéir. Il alla jusqu'à *Moscou*, mais il fut obligé de battre en retraite en hiver. Beaucoup de ses soldats moururent de froid et de faim. Une grande partie de son armée fut détruite.

2. Napoléon fut battu à Waterloo (1815) par les Anglais et les Prussiens. Les Anglais l'envoyèrent à *Sainte-Hélène* où il mourut.

QUESTIONNAIRE

Pourquoi Napoléon fut-il obligé de quitter Moscou ?

Racontez la retraite de Russie : le froid, la neige, la faim.

Contre qui Napoléon a-t-il combattu à Waterloo ?

Pourquoi nos soldats se sont-ils enfuis à la fin de la bataille ?

Dites la date de la bataille de Waterloo.

Où Napoléon est-il mort ?

VOITURE DE NAPOLÉON AUX ARMÉES

LIVRE HUIT

DE NAPOLÉON A 1900

CHAPITRE VINGT ET UN
LES RÉVOLUTIONS ET LES GUERRES

Depuis 1815, il y eut en France plusieurs révolutions. C'est une histoire difficile que vous apprendrez quand vous serez plus grands.

En attendant, mettez dans votre mémoire les faits que je vais vous dire:

Après Napoléon, les deux frères du roi Louis Seize, Louis Dix-huit *et* Charles Dix, *ont régné l'un après l'autre. Charles Dix voulut devenir maître de la France, comme avaient été les rois avant la Révolution de 1789. Il fut chassé par une révolution en 1830.*

Alors Louis-Philippe, *cousin de Charles Dix, devint roi. Il fut chassé par une révolution en 1848, parce qu'il ne voulut pas permettre à tout le monde de voter pour nommer les députés.*

La France fut alors en république pendant trois ans. Louis-Napoléon, neveu de Napoléon, fut nommé empereur en 1852. On l'appela Napoléon Trois.

En 1870, il y eut une grande guerre entre la France et l'Allemagne. Les soldats allemands étaient beaucoup plus nombreux que les nôtres. Ils avaient des généraux mieux préparés que les nôtres à la guerre. Ils avaient de meilleurs canons.

Nos soldats furent admirablement braves, mais ils furent vaincus. Une armée française où se trouvait l'empereur Napoléon Trois fut faite prisonnière à Sedan.

Il y eut alors une révolution à Paris. La république fut proclamée.

Les armées allemandes se mirent en marche vers Paris.

1. La belle défense de Paris en 1870. — Les Allemands entourèrent Paris de tous les côtés. Ils empêchèrent les vivres d'entrer.

Bientôt, la viande, la volaille, les œufs, le lait, la farine manquèrent.   5

On mangea des chevaux, des chiens, des chats, même des souris et des rats. On mangea les bêtes du *Jardin des Plantes*.

Les boulangers ne fabriquaient plus qu'un affreux pain noir.   10

La mauvaise nourriture amena des maladies. Les enfants et les vieillards moururent en grand nombre.

Chaque jour, on voyait dans les rues des voitures qui se suivaient, conduisant des morts au 15 cimetière.

Les Allemands, furieux de voir que la ville ne se rendait pas assez vite, la bombardèrent.

L'image vous montre une rue de Paris où un obus vient de tomber. Il a éclaté. Les éclats ont brisé la devanture d'une boulangerie.

Un enfant qui passait avec sa mère a été tué.

LE BOMBARDEMENT DE PARIS

5 Sa mère, à genoux auprès du pauvre petit corps, pleure et crie.

Le bombardement ne fit pas peur aux Parisiens. Ils étaient tous soldats et montaient la garde sur les remparts.

Ils espéraient que des armées françaises viendraient les délivrer; mais aucune armée ne put arriver jusqu'à Paris.

Alors, les Parisiens furent obligés de se rendre. Il fut convenu que la défense cesserait le 28 janvier 1871 à minuit.

Ce jour-là, jusqu'à minuit, on entendit le canon. Quand minuit sonna, la canonnade s'arrêta. Ce fut un grand silence.

A ce moment-là, beaucoup de Parisiens firent comme moi, qui ai vu ces terrible choses et qui en ai tant souffert; ils pleurèrent en pensant: «Tout est fini! La France est vaincue.»

2. Le devoir des petits Français. — Plus tard, vous apprendrez mieux l'histoire de cette guerre. Vous saurez que vos grands-pères ont fait bravement leur devoir en défendant notre patrie.

Les Allemands nous obligèrent à leur donner cinq milliards, une somme si grosse qu'on croyait que la France ne pourrait jamais la payer.

Ils nous prirent aussi deux beaux pays, l'*Alsace* et la *Lorraine*.

Les Alsaciens et les Lorrains étaient de bons Français. Ils aimaient la France comme vous l'aimez.

Ils ont été forcés de devenir Allemands; mais ils aiment toujours la France, et, à cause de cela, les Allemands les font souffrir; c'est pourquoi les petits Français doivent aimer les Alsaciens et les Lorrains comme des frères.

La France n'a pas perdu courage après la malheureuse guerre.

Nos soldats aujourd'hui sont aussi braves que ceux qui combattirent en 1870, et ils sont bien 5 plus nombreux.

Nos généraux sont aussi braves que ceux qui combattirent en 1870, et ils sont plus instruits.

Nos fusils, nos canons sont meilleurs qu'en 1870. Nous sommes beaucoup mieux préparés 10 à la guerre.

Tous les ans, aux grandes manœuvres, notre infanterie, notre artillerie et notre cavalerie se réunissent pour s'exercer.

L'image vous montre, à gauche, deux généraux 15 qui causent avec un officier; au milieu sont les soldats d'infanterie, dont plusieurs sont à genoux comme on se met pour tirer. Vous voyez aussi des voitures d'artillerie; plus loin, dans la plaine, des cavaliers.

20 En l'air, un gros ballon dirigeable vole entre deux aéroplanes.

Généraux, officiers, fantassins, cavaliers, aérostiers tous savent leur métier. Si la France est attaquée, tous feront leur devoir.

25 *La France est bien défendue.*

RÉSUMÉ

1. Depuis 1815, il y a eu en France plusieurs révolutions. En 1870, *Napoléon Trois* était empereur. Il fut vaincu et fait prisonnier par les Allemands à *Sedan*. Depuis ce temps, la France est en république.

NOS SOLDATS AUX GRANDES MANŒUVRES

Les Allemands ont pris Paris, malgré la courageuse défense des Parisiens.

2. La France a été obligée de payer aux Allemands cinq milliards et de leur *céder l'Alsace et la Lorraine,* deux belles provinces qui regrettent de n'être plus françaises.

Aujourd'hui, la France a une armée nombreuse, bien instruite, *capable de la défendre contre ses ennemis.*

QUESTIONNAIRE

Dites quelles révolutions il y a eu en France depuis Napoléon. Dites les dates.

Regardez l'image page 174. Pourquoi la devanture de la boutique est-elle brisée?

Que fait la femme à genoux?

Racontez les souffrances de Paris pendant le siège.

Dites ce que vous voyez page 177. Quels sont les hommes qui sont à gauche?

SOLDATS CYCLISTES

DE NOTRE TEMPS

Le drapeau français hissé en terre conquise

Un Arabe   *Un Nègre*

CHAPITRE VINGT–DEUX

LES CONQUÊTES DE LA FRANCE

En l'année 1830, le roi Charles Dix envoya des vaisseaux attaquer la ville d'Alger, parce que les Algériens faisaient beaucoup de tort à notre commerce en arrêtant et pillant nos navires.

La ville fut prise. Ensuite il fallut conquérir l'Algérie. La guerre dura pendant tout le règne de Louis-Philippe.

1. Le combat de Mazagran. — Pendant cette guerre, il y eut bien des batailles. L'Algérie est habitée par des *Arabes* qui sont des soldats très braves.

Une des plus célèbres batailles fut celle de Mazagran.

Cent vingt-trois Français occupèrent un fort qui portait ce nom. Ils y furent attaqués par les Arabes.

L'image vous montre des Arabes qui arrivent au grand galop de leurs chevaux. Ils sont vêtus d'un manteau blanc, qu'on appelle un *burnous*.

Vous en voyez qui tirent des coups de fusil vers
5 le haut du mur. Nos soldats répondent.

ATTAQUE PAR LES ARABES DU FORT DE MAZAGRAN

Derrière les Arabes que vous voyez, d'autres arrivèrent. Ils furent bientôt douze mille.

Pendant trois jours, ils demeurèrent autour de Mazagran. Ils essayèrent de grimper à des
10 échelles pour atteindre le haut du mur.

Mais nos soldats les repoussaient à coups de crosse. Les douze mille Arabes virent qu'ils ne viendraient jamais à bout des cent vingt-trois Français, et ils s'en allèrent.

15 *Dans toute la France, on parla du combat de Mazagran. Tout le monde fut fier de la vaillance de nos soldats.*

2. Une école en Algérie. — Aujourd'hui, toute
l'Algérie est soumise à la France.

Cinq cent mille Français habitent en Algérie.
Les villes anciennes se sont tant embellies qu'on
ne les reconnaît plus.   Il a y des villes nouvelles 5

UNE ÉCOLE DE PETITS FRANÇAIS ET DE PETITS ARABES EN ALGÉRIE

et surtout des villages nouveaux en très grand
nombre.

L'image vous représente une école en Algérie.

Parmi les élèves, vous en voyez qui sont habillés
comme vous.   Ce sont de petits Français.   Les 10
autres sont vêtus du burnous blanc.   Ce sont de
petits Arabes.

L'instituteur et l'institutrice sont des Français.

Ils enseignent aux petits Français et aux petits
Arabes tout ce que vous apprenez à l'école. 15

Les Arabes sont de bons petits écoliers. Ils apprennent aussi bien que les petits Français. Ils font d'aussi bons devoirs.

La France veut que les petits Arabes soient aussi bien instruits que les petits Français.

Cela prouve que notre France est bonne et généreuse pour les peuples qu'elle a soumis.

3. La bonté de la France. — Vous avez vu des 5 marchés, où l'on vend des chevaux, des vaches et d'autres animaux.

Dans beaucoup de pays d'Afrique habités par les *nègres*, il y a des marchés où l'on vend des hommes.

10 Celui qui les achète les attache deux par deux, l'un derrière l'autre. Ils ont le cou serré dans un collier; leurs jambes sont liées l'une à l'autre par une corde. Ils peuvent marcher, mais ils ne peuvent pas courir pour se sauver.

15 Ces malheureux s'appellent des *esclaves*. Un esclave appartient à l'homme qui l'a acheté, comme une bête appartient à son maître.

L'esclavage est donc une chose abominable. Aussi la France ne veut pas qu'il y ait des esclaves dans les pays qu'elle possède.

Regardez l'image page 183. Vous y voyez un homme debout près d'un drapeau. Cet homme 20 est un Français qui s'appelle *Brazza*.

Il porte des vêtements tout blancs et un chapeau en liège, recouvert de toile blanche. Deux autres

Français sont vêtus de la même façon. C'est à cause de la grande chaleur qu'ils sont ainsi habillés.

Brazza fut un homme admirable. Il voyagea dans un grand pays d'Afrique appelé le *Congo*. Il ne fit pas de mal aux habitants. Il leur parlait 5 doucement, et leur demandait d'obéir à la France.

BRAZZA DÉLIVRE DES ESCLAVES

Quand ils avaient promis, il plantait par terre une grande perche, en haut de laquelle on hissait le drapeau français. Cela voulait dire que ce pays-là appartenait à la France. 10

Un jour où le drapeau fut hissé près d'un village du Congo, une troupe d'esclaves passa.

Brazza la fit arrêter et il dit: «Partout où est le drapeau de la France, il ne doit pas y avoir d'esclaves.» 15

Et vous voyez que l'on enlève aux esclaves les colliers qui emprisonnent leurs cous et les cordes qui lient leurs jambes.

Deux de ces pauvres gens qui viennent d'être 5 délivrés sont si joyeux qu'ils font des cabrioles.

Cela prouve encore que la France est bonne et généreuse pour les peuples qu'elle a soumis.

4. Les propriétés de la France. — La France possède aujourd'hui hors de l'Europe un grand 10 nombre de pays.

D'un côté de l'Algérie, nous avons la *Tunisie;* de l'autre côté, nous sommes en train de conquérir le *Maroc.*

Dans d'autres parties de l'Afrique, nous possé-15 dons encore de grands territoires.

En *Asie,* nous avons aussi de vastes possessions dans un pays qu'on appelle l'*Indo-Chine.*

Une grande partie de ces conquêtes ont été faites par la République après la malheureuse 20 guerre de 1870.

Les pays que nous possédons sont vingt fois plus vastes que la France. Ils sont habités par cinquante millions d'hommes. Des hommes blancs comme nous dans l'Afrique du nord, des hommes 25 noirs dans d'autres parties de l'Afrique, des hommes jaunes en Indo-Chine.

Partout la France enseigne le travail. Elle crée des écoles, des routes, des chemins de fer, des lignes télégraphiques.

La France a le droit d'être fière de ces conquêtes. Elle est reconnaissante envers ses marins et ses soldats, dont beaucoup sont morts en combattant dans ces pays lointains.

RÉSUMÉ

1. En 1830, les Français ont pris *Alger*. Ensuite ils firent la conquête de l'Algérie. Il y eut beaucoup de batailles. A *Mazagran, cent vingt-trois* Français ont été vainqueurs de *douze mille* Arabes.

2. Les Français ont créé en Algérie des écoles où les *petits Arabes sont instruits avec les petits Français.*

3. Un Français, *Brazza*, a conquis sans batailles de grands territoires au *Congo*.

Il a *délivré des esclaves* et fait beaucoup de bien dans le pays.

4. La France possède aujourd'hui, en Afrique, l'*Algérie*, la *Tunisie*, le *Maroc*, et d'autres territoires encore. Elle possède en *Asie* une grande partie de l'*Indo-Chine*. Elle est fière d'avoir conquis un si grand empire.

QUESTIONNAIRE

Pourquoi Charles Dix a-t-il envoyé des vaisseaux à Alger ?

Regardez l'image de la page 180. Comment sont habillés les Arabes ? Que font-ils ?

Regardez l'image de la page 181. Expliquez ce que vous voyez. Pourquoi la France fait-elle instruire les petits Arabes ?

Regardez l'image de la page 183. Qui est l'homme debout auprès du drapeau ? Pourquoi est-il habillé de blanc ? Que portent autour du cou les nègres que vous voyez ? Qu'a dit Brazza en voyant arriver une troupe d'esclaves ?

Dites quels sont les pays que la France possède en Afrique et en Asie.

AUTREFOIS ET AUJOURD'HUI

Le laboratoire d'un savant

*Un postillon
de diligence*

*Un mécanicien de
chemin de fer*

CHAPITRE VINGT-TROIS

LES INVENTIONS

1. La diligence. — Autrefois, il n'y avait pas
de chemins de fer. On voyageait dans des voitures appelées *diligences*.

La diligence que vous voyez sur l'image, page 187,
5 est traînée par quatre chevaux. Le conducteur est
tout en haut, sous la capote. Sur un des chevaux
de devant, un postillon tient un fouet à la main.

Dans la voiture, vous apercevez des voyageurs.
D'autres sont descendus. Le chemin monte; les
10 chevaux tirent de toutes leurs forces. Ces voyageurs sont descendus pour se dégourdir un peu les
jambes, car dans la voiture, on était serré les uns
contre les autres.

Une diligence faisait seulement une douzaine de kilomètres par heure. Elle mettait trois jours et trois nuits pour aller de Paris à Lyon.

UNE DILIGENCE MONTANT UNE CÔTE

Elle ne pouvait prendre qu'une vingtaine de personnes. Aussi, quand on voulait voyager, il 5 fallait retenir ses places longtemps à l'avance.

A cause de tout cela, on ne voyageait pas beaucoup dans ce temps-là.

2. Les chemins de fer. — C'est au temps de Louis-Philippe qu'on commença de construire en 10 France les premiers *chemins de fer*.

Beaucoup d'entre vous ont fait au moins un petit voyage en chemin de fer. Ils sont montés dans un *train* où des voitures attelées les unes aux autres sont entraînées par une machine à vapeur,
5 la *locomotive*. Les voitures, qu'on appelle des *wagons*, roulent sur des *rails* de fer.

Les trains qu'on appelle *rapides* marchent avec une vitesse effrayante. Pour aller de Paris à Lyon,

UNE LOCOMOTIVE

ils mettent huit heures, au lieu de trois jours et
10 trois nuits qu'il fallait autrefois.

Vous êtes-vous déjà trouvés sur le trottoir d'une gare quand un rapide va passer sans s'arrêter? Les employés de la gare crient: Attention! Attention! Tout le monde recule. On entend un grand
15 bruit, le sol tremble, une poussière s'élève; on sent comme un coup de vent; c'est le train qui passe, rapide comme un éclair.

Quand le chemin monte, les voyageurs ne sont pas obligés de descendre. Le train marche un peu
20 moins vite, et c'est à peine s'ils s'en aperçoivent.

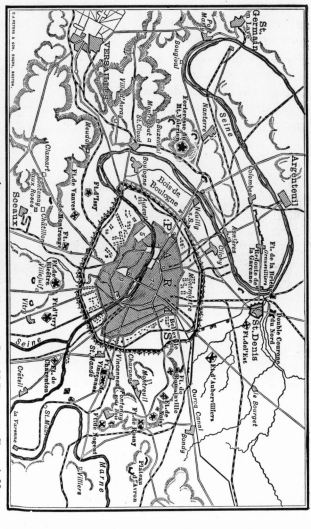

MAP OF THE ENVIRONS OF PARIS

C.J. PETERS & SON, ENGR., BOSTON.

1. Place de la Concorde.　　2. Champs-Élysées.　　3. Arc de Triomphe.　　4. Porte Maillot.　　5. Champ de Mars.
6. Opéra.　　7. Bourse.　　8. Quartier Latin.　　9. Panthéon.　　10. Hôtel de Ville.

Quand une montagne est trop haute, on y perce un grand souterrain qu'on appelle un *tunnel*, et, par le tunnel, passent les trains. Il y a des tunnels longs de vingt kilomètres.

5 Ainsi, on voyage bien plus vite qu'autrefois. Et puis on est mieux dans un train que dans une diligence. Et puis cela coûte bien moins cher. *Aussi on voyage beaucoup plus à présent qu'au temps passé.*

10 **3. Les bateaux à vapeur.** — Autrefois on allait sur l'eau dans des bateaux à rames ou à voiles.

UN PAQUEBOT

Les bateaux à rames ne marchaient pas vite. Les bateaux à voiles ne marchaient bien que lors-15 qu'ils avaient un bon vent qui soufflait dans les voiles. Quand le vent ne soufflait plus, ils s'arrêtaient.

Aujourd'hui, les bateaux sont mis en mouvement par une machine à vapeur. Ils marchent par tous les temps et par tous les vents.

Ils marchent très vite, cinquante fois plus vite que les bateaux à voiles. 5

Les bateaux à voiles ne pouvaient pas contenir beaucoup de personnes. Aujourd'hui on construit de grands' bateaux à vapeur (*paquebots*). La population de plusieurs villages y trouverait place; car ils contiennent jusqu'à trois mille per- 10 sonnes.

Autrefois, c'était une grande affaire de voyager sur mer. Aujourd'hui, on n'y pense plus. On parle d'aller en Afrique et en Amérique, comme si c'était une chose ordinaire. 15

Pour faire le tour du monde, on met sept à huit semaines. Autrefois, on mettait des années.

4. Les aéroplanes. — Les hommes avaient depuis longtemps envie de monter dans les airs. 20

Ils furent bien contents quand les ballons furent inventés, il y a cent et quelques années.

Mais les ballons ne marchaient que poussés par le vent. Ils allaient où le vent voulait.

Il y a quelques années, on a construit des bal- 25 lons munis d'une machine. Grâce à cette machine, on dirige le ballon du côté où l'on veut. Ces ballons s'appellent des *dirigeables* (voir page 177).

On a construit aussi des *aéroplanes*. *Aéroplane*, 30 cela veut dire *qui voyage dans l'air*.

L'aéroplane ressemble à un grand oiseau.
Les dirigeables et les aéroplanes montent très

DEUX AÉROPLANES

haut; ils passent au-dessus des plus hautes montagnes.   Ils volent par-dessus les mers.

5   **5. Autres inventions.** — Vous connaissez encore
d'autres inventions.

Vous savez que le *télégraphe* envoie des dépêches aussi loin que l'on veut.   Et les dépêches
arrivent en moins de temps qu'il ne faut pour le
10 dire.

Vous savez qu'avec le *téléphone* on peut causer
avec des gens qui sont très loin, avec des gens qui
sont en Amérique.   On cause avec eux comme
s'ils étaient tout près.   On entend et on reconnaît
15 leur voix.

Quand vous serez plus grands, vous apprendrez comment ont été inventés le téléphone, le télégraphe, les aéroplanes, les bateaux à vapeur, les chemins de fer.

On vous expliquera aussi que les inventions ont 5 bien changé la vie des hommes.

Mais vous êtes assez grands pour comprendre ce que je vais vous dire:

Au commencement du monde, il n'y avait que les oiseaux qui volaient dans l'air.   Il n'y avait 10 que les poissons qui voyageaient dans l'eau. L'homme marchait péniblement sur terre.

Aujourd'hui, l'homme se fait porter très vite sur terre et sur l'eau, à des distances énormes.   Il vole très vite, très haut, très loin dans l'air.   15

Vous voyez que l'homme peut faire bien des choses qu'il ne pouvait faire autrefois.   Il règne sur la terre, sur l'eau et dans l'air.

6. Pasteur. —Vous avez tous été *vaccinés*.   Le vaccin vous empêche d'avoir la petite vérole.   20

C'est une maladie terrible.   Autrefois, presque tous ceux qui en étaient atteints mouraient.

Un grand homme, *Pasteur*, qui est mort il y a quelques années, a inventé un vaccin contre la rage.   25

Autrefois, ceux qui étaient mordus par des chiens enragés avaient la *rage*.   Ils souffraient atrocement et mouraient en hurlant dans des convulsions.

Voyez l'image de la page 194.   On conduit chez 30 Pasteur un enfant qui a été mordu par un chien

enragé. C'est un brave garçon, cet enfant-là. Il
a été mordu en se battant contre un chien pour
l'empêcher de mordre ses camarades. Il est debout devant un médecin assis qui le vaccine.
5 Derrière lui, on lui tient les bras pour qu'il ne
bouge pas.

PASTEUR FAIT VACCINER UN ENFANT MORDU
PAR UN CHIEN ENRAGÉ

Pasteur, les
mains derrière le
dos, regarde. Il
se demande si le
pauvre petit sera
guéri. Vous voyez
que sa figure est
inquiète. Il était
très bon, le grand
Pasteur.

L'enfant sentit
à peine la piqûre.
Pasteur le garda
quelque temps
au laboratoire.
Puis il le renvoya
dans son pays,
bien guéri.

25   Depuis, dans tous les pays du monde, des centaines et des centaines d'hommes ont été préservés
de la rage par le vaccin de Pasteur. Et Pasteur a
guéri encore beaucoup d'autres maladies.

Chers enfants, les hommes qui ont fait toutes les in-
30 *ventions dont je viens de vous parler sont célèbres*
dans le monde entier. Ils ne sont pas tous Français;
mais beaucoup le sont.

La France est un grand pays, pas seulement parce qu'il a de braves soldats pour le défendre, mais aussi parce qu'il a des savants dont les découvertes font du bien aux hommes de tous les pays.

VIVE LA FRANCE !

RÉSUMÉ

1. Autrefois, il fallait trois jours et trois nuits pour aller de Paris à Lyon en diligence.

2. Aujourd'hui, on met huit heures pour aller de Paris à Lyon en chemin de fer.

3. Autrefois on allait sur l'eau dans des *bateaux à rames ou à voiles*, qui étaient très lents. Aujourd'hui on voyage sur des *bateaux à vapeur* qui vont très vite.

4. Autrefois on s'élevait en l'air dans des *ballons*, qu'on ne pouvait pas diriger. Aujourd'hui, on voyage en l'air dans des *dirigeables* et des *aéroplanes*.

5. Par le *télégraphe* et par le *téléphone*, on peut écrire ou parler à des distances énormes.

6. Un grand savant français, Pasteur, a découvert un vaccin contre la rage.

La France est un grand pays, qui a de braves soldats pour la défendre et des savants qui font du bien à tous les hommes.

QUESTIONNAIRE

Dites, d'après l'image de la page 187, comment était conduite une diligence. Combien de temps mettait-on pour aller de Paris à Lyon ?

Combien met-on de temps pour aller de Paris à Lyon en chemin de fer ?

Qu'est-ce que c'est qu'un paquebot ?

Combien fallait-il de temps autrefois pour faire le tour du

monde ? Combien en faut-il aujourd'hui ?

A quoi servent le télégraphe et le téléphone ? Qu'est-ce qu'un aéroplane ?

Regardez l'image de la page

194. Qu'est-ce qu'on fait au petit garçon qui est là ? Qui est le monsieur qui se tient debout, les mains derrière le dos ?

Pourquoi la France est-elle un grand pays ?

VOCABULARY

A

à to, at, in, on, of, from, with (*or not to be translated*); **à droite** to *or* on the right; **à la main** in my (your, his, *etc.*) hands, by hand; **à sa ceinture** from his belt; **à genoux** kneeling (down); **à cheval** on horseback; **à présent** now; **à la fin** at length; **à lui** by himself; **à peu près** almost, just about; **à cause de** because of; **à moitié** half; **à travers** across, through; **à condition que** on condition that; **à peine** hardly; **à côté de** beside; **à bon marché** cheap; **à la nuit** at night

a *pres. ind. of* **avoir**; **il a l'air** he looks; **il y a** there is, there are

abaisser (to) lower; **s'abaisser** (to) sink

abandonner (to) forsake, desert

abattre (to) beat down

abominable abominable

abord *m.* access, approach; **d'abord** (at) first

aboyer (to) bark

accabler (to) overwhelm; **accablé de fatigue** overcome with fatigue

acclamer (to) cheer, applaud

accompagner (to) accompany; **s'accompagner de** (to) accompany oneself on

accord *m.* agreement; **d'accord** agreed

accorder (to) grant

accourir (to) run up, hasten up, flock (up), throng

accouru *p.p. of* **accourir**, run up

accoururent *pret. of* **accourir**

accourut *pret. of* **accourir**

accrocher (to) hang up; **s'accrocher** (à) (to) cling (to)

acheter (à) (to) buy (from)

achever (to) finish, spend the rest of

acier *m.* steel

acquérir (to) acquire

acte *m.* act

adieu *m.* farewell, adieu, leave-taking; **faire ses adieux à** (to) take one's leave of, bid farewell to

admirable admirable

admirer (to) admire

adorer (to) worship

aéroplane *m.* aëroplane, flying-machine

aérostier *m.* aëronaut

affaire *f.* business, affair; **avoir affaire à** (to) have to do with

affamé-e starving, famished

affliger (to) vex, torment

affreu-x, -se frightful, ghastly, dreadful

Afrique *f.* Africa; **d'Afrique** African

âge *m.* age

âgé-e aged

agenouiller (s') (to) kneel down

agile active, alert

agir (to) act; **il s'agit de prendre la maison** the house has to be taken

agrafe *f.* clasp

agrafer (to) clasp, fasten

agrandir (to) enlarge

agréable pleasant, agreeable

agriculture *f.* agriculture

ah ! *int.* ah !

aider (to) help

aie *imperative of* **avoir**

aiguille *f.* needle

aile *f.* wing

aille *pres. subj. of* **aller;** il faut que j'aille I must go

ailleurs elsewhere

aimable gentle, kind

aimer (to) like, love, be fond of; **aimer mieux** (to) prefer

aîné-e eldest

ainsi like that, thus, in this way; **ainsi de suite** so on; **c'est ainsi que vous le voyez** that is how you see him

air *m.* air (*often used in pl. in French; translate by sing. in Eng.*); **avoir l'air (de)** (to) look (as if one is), look like

aise *f.* ease; **tout à leur aise** as much as ever they like; **à l'aise** at one's ease, comfortable

ait *pres. subj. of* **avoir**

Alger *m.* Algiers

Algérie *f.* Algeria

Algérien *m.* Algerian

alla *pret. of* **aller**

allât *imp. subj. of* **aller;** c'était l'usage que tout nouveau roi de France s'en allât dans cette ville it was the custom for every new king of France to go to this town

allée *f.* alley, walk, avenue

Allemagne *f.* Germany

Allemand-e *m. and f.* German

allemand-e *adj.* German

aller (to) go, get on, prosper; **s'en aller** (to) go off (away); **aller au-devant de** (to) go to meet; **aller chercher** (to) fetch (*Whenever* **aller** *means* "to walk," "to ride," or "to drive," translate it in English by one of these words; it expresses in French motions of various kinds and is frequently better translated by some other verb in English than the verb "to go" which more often expresses departure*)

allumer (to) light; **on alluma de grands feux** great fires were lighted

alors then, so

Alsacien *m.* Alsatian

amener (to) bring (on)

Amérique *f.* America

ami-e *m. and f.* friend

ampoule *f.* blister

amusement *m.* pastime, entertainment

amuser (to) entertain; **s'amuser** (to) enjoy oneself, amuse oneself, while away one's time; **s'amuser à** (to) amuse oneself by

an *m.* year; **tous les ans** every year

ancien-ne old

Anglais *m.* Englishman (*pl.* the English)

anglais-e English

Angleterre *f.* England

animé-e lively

année *f.* year

annoncer (to) show, signify, announce

août *m.* August

apercevaient *imp. ind. of* **apercevoir,** caught sight of

apercevez *pres. ind. of* **apercevoir**

apercevoir (to) notice, perceive, find out, discover

aperçoit *pres. ind. of* **apercevoir**

aperçu-e *p.p. of* **apercevoir,** perceived

aperçut *pret. of* **apercevoir**

appartenir (to) belong

appartient *pres. ind. of* **appartenir**

appeler (to) call (in); s'appeler (to) be called; elle s'appela la France it was called France; qu'on appelait which was called, who were called; on l'appelait it was called; on les appelait they were called; s'appelaient were called; s'appelle is called; on l'appelle he is called; appeler en criant (to) shout at (after)

applaudir (to) applaud, cheer, clap

apporter (to) bring

apprenaient *imp. ind. of* apprendre; n'apprenaient rien autre qu'à se battre learned nothing else but fighting

apprenait *imp. ind. of* apprendre; qu'est-ce qu'on apprenait à . . . ? what was taught to . . . ?

apprendre (to) learn (how to), hear, find out, teach

apprêter (to) prepare; s'apprêter (to) get ready

apprirent *pret. of* apprendre

appris-e *p.p. of* apprendre, learned

apprit *pret. of* apprendre; quand on apprit sa victoire when they learned of his victory

apprivoisé-e *p.p. and adj.* tame

apprivoiser (to) tame

approcher (to) approach; s'approcher (to) draw near (to), approach, come up

appuyer (to) press, weigh; s'appuyer (to) lean

après after; après avoir after having; d'après from (an original of); l'année d'après the next year

après-midi *m. and f.* afternoon

Arabe *m.* Arab

arbre *m.* tree

arc *m.* bow

archange *m.* archangel

archevêque *m.* archbishop

argent *m.* money, silver

arithmétique *f.* arithmetic

arme *f.* weapon, arm; compagnon d'armes companion in arms; arme à feu firearm

armée *f.* army

armement *m.* arming

armer (to) arm; armer quelqu'un chevalier (to) dub someone knight

armure *f.* armor

arracher (to) tear out, wrench out

arranger (to) arrange

arrêter (to) stop, arrest; s'arrêter (to) stop; faire arrêter (to) have . . . arrested (stopped)

arrière-garde *f.* rear guard, rear

arrière-petit-fils *m.* great-grandson

arrivée *f.* arrival

arriver (to) arrive, happen, get, come (in, on, up); il vient d'arriver he has just arrived; il est arrivé que . . . what has happened is that . . .; arrivés en Asie when they arrived in Asia; arriverait ce qui pourrait it didn't matter to him what happened, (let) come what might

artifice *m.* artifice; feu d'artifice fireworks *(pl.)*

artillerie *f.* artillery

Asie *f.* Asia

assassin *m.* assassin

assassiner (to) assassinate, kill, murder

assemblée *f.* meeting, assembly

assembler (to) gather (together); s'assembler (to) gather (together)

asseoir (to) seat; s'asseoir (to) sit down

asseyaient *imp. ind. of* asseoir; s'asseyaient sat; s'y asseyaient sat in them

asseyait *imp. ind. of* asseoir; s'asseyait sat; on s'asseyait they sat down assez sufficiently, enough, rather

assirent *pret. of* asseoir; s'assirent sat

assis-e *p.p. of* asseoir, sitting (down), seated

assister (à) (to) be present at, attend

atelier *m.* workshop; en atelier as a workshop

atrocement atrociously, excruciatingly

attacher (to) fasten

attaque *f.* attack

attaquer (to) attack

atteignit *pret. of* atteindre, hit

atteindre (to) reach, hit

atteint-e *p.p. of* atteindre; atteint d'une maladie attacked by (affected with) a disease

atteler (to) harness, couple (*of a train*); attelé de bœufs drawn by oxen

attendre (to) wait, expect; en attendant in the meantime, meanwhile; en attendant que until; s'attendre à (to) expect

attendrir (to) mollify; s'attendrir (to) relent, be moved

attention *f.* attention; faire attention à (to) be careful of, pay attention to; avec attention attentively; attention! mind! look out!

au to the, in the, at the, of the, on the, into the, with; au secours (de) help! au temps de in the time of; au moins at least; au contraire on the contrary, on the other hand; au hasard at random, aimlessly; au moment où (at the time) when; au loin far off

aucun-e *adj.* no

aucun-e *pron.* not one, none; presque aucun d'eux hardly any of them

au-dessus (de) above, over

au-devant (de) before; aller au-devant de (to) go to meet; sortir en foule au-devant de lui (to) crowd out to meet him

aujourd'hui to-day, now, nowadays; d'aujourd'hui of our time

aumône *f.* alms (*pl.*), charity

auparavant before, previously, heretofore

auprès (de) near, close to

auquel to which, to whom; auquel on vient d'ouvrir la porte which has just been let out

auraient *cond. of* avoir

aurait *cond. of* avoir; il n'y aurait plus de roi en France there should not be any more kings in France

aussi too, also, such, thus, (and) so; aussi . . . que as . . . as; d'aussi bons devoirs just as good exercises

aussitôt (que) as soon as

autant (de) as (so) much (many); autant . . . que as (so) much (many) as, as long as

autour (de) round

autre *adj. and pron.* other, more, else; autres others, more; les uns contre les autres *or* les uns aux autres against each other; les unes des autres from each other; autre chose anything else; à d'autres ils crevèrent les yeux they put out others' eyes; les uns tout près des autres quite near each other

autrefois formerly, before, in bygone times

Autriche *f.* Austria

Autrichien *m.* Austrian

Auvergne *f.* one of the oldest provinces of Gaul, situated in the central mountains of France

aux to the, for the, at the

auxquels to which, to whom

avaient *imp. ind. of* avoir; ils avaient vingt et un ans they were twenty-one; avaient été bien notés had had good marks; n'avaient peur were not afraid

avais *imp. ind. of* avoir

avait *imp. ind. of* avoir; il avait vingt et un ans he was twenty-one; il y avait there was, there were; on avait un peu peur de lui he was somewhat feared; il n'y avait que les oiseaux qui volaient dans l'air it was only birds who flew in the air; il y avait huit heures que nos soldats se battaient our soldiers had been fighting for eight hours; il n'y avait que les poissons qui voyageaient dans l'eau it was only fish who journeyed about in the water

avaler (to) swallow

avance *f.* advance; à l'avance beforehand

avancer (to) advance, jut out, go forward; s'avancer (to) advance, march, come (step) forward

avant before; avant de before; en avant foremost; avant de mourir before dying; les baïonnettes en avant with fixed bayonets

avant-garde *f.* vanguard, van

avant-propos *m.* preface, foreword

avec with, of; poli avec polite to (*Sometimes used at the end of the sentence, when a pronoun object is needed after it, as* quand le seigneur vendait ses terres, il vendait ses paysans avec when the lord sold his lands, he sold his peasants with them)

avertir (to) warn

aveugle *adj. and noun* blind, blind person, blind man

avez *pres. ind. of* avoir

avis *m.* opinion

avoine *f.* oats (*pl.*)

avoir (to) have; avoir peur de (to) be afraid of; avoir pitié de (to) have pity on; avoir soif (to) be thirsty; avoir une grande joie (to) be delighted, be full of joy; avoir tort (to) be wrong; avoir raison (to) be right; avoir lieu (to) take place; avoir faim (to) be hungry; avoir l'habitude de (to) be used to; avoir l'air d'(être) (to) look as if one is; avoir l'air de (to) look like; avoir affaire à (to) have to do with; avoir treize ans (to) be thirteen years old; avoir l'idée de (to) think of; avoir de la peine à (to) have some difficulty to, find it hard to; avoir de quoi (to) have something *or* anything; y avoir (to) be

ayant *pres. part. of* avoir

ayez *imperative and pres. subj. of* avoir; ayez soin de take care of

B

bagage *m.* (*often used in pl.; translate in sing.*) luggage

baïonnette *f.* bayonet; les baïonnettes en avant with fixed bayonets

baisser (to) bow, lower, hang (down)

balayeur *m.* (street) sweeper, scavenger

balle *f.* ball (*of small size*), musket ball, bullet

ballon *m.* football, balloon

banc *m.* bench, form, seat

bande *f.* band

bandelette *f.* strip; souliers lacés par des bandelettes qui entouraient les jambes shoes laced with strips of cloth round the legs

baptême *m.* baptism

baptiser (to) baptize; se faire baptiser (to) be baptized

barbiche *f.* tuft on the chin, small pointed beard

barbier *m.* barber

barque *f.* boat

barre *f.* bar; les barres prisoner's base (bars)

barreau *m.* bar, grating

barrer (to) stop, bar

Barthélemy *m.* Bartholomew; le massacre de la Saint Barthélemy the massacre of Saint Bartholomew's Day

bas *m.* stocking

bas *adv.* low; en bas at the bottom, below; à bas down; dans le bas down below; (tout) bas in a whisper

bas-fond *m.* low piece of ground

bataille *f.* battle

batailleur quarrelsome, fond of fighting

bateau *m.* boat; bateau à vapeur steamboat; bateau à rames rowboat; bateau à voiles sailboat

bâtir (to) build; fit (firent) bâtir had . . . built; faisait bâtir had . . . built, had building done; on en bâtit beaucoup many were built

bâton *m.* stick

battre (to) beat; se battre (to) fight; se battre à coups de boules de neige (to) have a snow fight; se battre à coups de canon to fight with guns; battre en retraite (to) retreat

bavarder (to) chatter; à bavarder chattering

beau (bel), belle fine, beautiful, handsome, noble, glorious; il a beau être brave it is useless for him to be brave; rien de si beau anything so beautiful

beaucoup (de) much, many, very much, very many; aimer beaucoup (to) be very fond of; beaucoup trop far too much

Belgique *f.* Belgium

belle *see* beau

bénédiction *f.* blessing

bénir (to) bless

besoin *m.* need; avoir besoin de (to) need; ce dont on a besoin what we need (*or* what they need)

bestiaux *m. pl.* cattle

bétail *m.* cattle, live stock

bête *f.* animal, beast, (*of a man*) fool

beurre *m.* butter

biche *f.* hind, roe

bien *adv.* well, (very) much, very, thoroughly (*or not to be translated*); bien en face straight in the face; bien fermées firmly fastened; bien que although; bien autant que just as long as; bien du (de l', des) much, many; ou bien or (*stressed*), or else; c'est bien de l'ouvrage à faire it's a great deal of work to do

bien *m.* good

bienheureu-x, -se extremely happy

bientôt soon

bière *f.* beer

bijou *m.* jewel, trinket

blanc, blanche white; toute blanche pure white

blé *m.* wheat, grain

blesser (to) wound

blessure *f.* wound

bleu-e blue

blond-e fair

blouse *f.* tunic

bœuf *m.* ox

boire (to) drink; à boire drinking, (the *or* a) drink

bois *m.* wood; **en bois** made of wood; **de bois** wooden

bombardement *m.* shelling, bombardment

bombarder (to) shell, bombard

bon, bonne good, pleasant, kind, kind-hearted; **de bonne heure** early (in life); **(à) bon marché** cheaply; **pour de bon** in (real) earnest

bonbons, *m. pl.* sweets, candy

bonheur *m.* happiness; **portait bonheur** was lucky

bonne *see* **bon**

bonté *f.* goodness, kindness

bord *m.* bank, edge; **au bord de la mer** on the seashore (seaside); **au bord du chemin** to the roadside

bossu-e crooked, humped

botté-e booted; **quand il était botté** when he had his (riding-boots) high boots on

bouclier *m.* shield, buckler

bouger (to) move

bouillant-e boiling

bouillie *f.* gruel; **bouillie d'avoine** oatmeal gruel

boulanger *m.* baker

boulangerie *f.* baker's shop

boule *f.* ball; **boule de neige** snowball

boulet *m.* cannon ball, shot

bourgeois *m.* burgher, burgess

bourgeoise *f.* burgher's wife

bourreau *m.* executioner, hangman

bourse *f.* purse

bout *m.* end, extremity, border; **au bout de** near the border, after; **à bout de force** spent with fatigue; **venir à bout de** (to) defeat

boutique *f.* shop

bouton *m.* button

bracelet *m.* bracelet

braconnier *m.* poacher

branche *f.* branch

bras *m.* arm

brave *m.* brave man

brave *adj.* brave, good; **brave entre les braves** the bravest of the brave

bravement bravely

braver (to) brave

bravoure *f.* bravery, valor

bredouiller (to) stutter, stammer

Bretagne *f.* Brittany

bride *f.* bridle; **(à) bride abattue** full gallop, full speed

brigand *m.* robber, freebooter, brigand

briller (to) shine

briser (to) shatter, smash, break down

broder (to) embroider; **brodé de** embroidered with

broderie *f.* (*much used in pl. in French; translate by sing. in Eng.*) embroidery

broncher (to) flinch, stir

bronze *m.* bronze

brouille *f.* disagreement, quarrel

bruit *m.* noise

brûler (to) burn; **faire brûler** (to) have . . . burned

bu-e *p.p. of* **boire**, drunk

buffet *m.* sideboard, dresser

burnous *m.* burnous (*a cloaklike garment and hood woven in one piece*)

buvait *imp. ind. of* **boire**

buvant *pres. part. of* **boire**

C

c' (c'est, c'était, *etc.*) *see* **ce** *pronoun*

cabane *f.* hut

cabaretier *m.* tavern keeper

cabinet *m.* study (*in old English,* closet)

cabriole *f.* caper; **faire des cabrioles** (to) cut capers

cacher (to) hide; **se cacher** (to) hide (oneself, myself, *etc.*)

cadavre *m.* corpse

cadeau *m.* present

cage *f.* cage

caisse *f.* chest, box, case

calme calm

camarade *m.* comrade, schoolfellow, playfellow, fellow student, fellow soldier; **les camarades** his fellow soldiers

camp *m.* camp

campagne *f.* country; **les campagnes** the country-places

canal *m.* canal

canard *m.* duck

candélabre *m.* candelabrum (*pl.* candelabra), branched candlestick, sconce

canne *f.* walking-stick, cane

canon *m.* cannon, gun; **à coups de canon** with guns

canonnade *f.* cannonade, firing of cannon, cannon shots, gunshots

cantique *m.* hymn

capable capable

Capétien *m.* Capetian

capitale *f.* capital

capote *f.* hood

capuchon *m.* hood, cowl

car for

caractère *m.* character

carafe *m.* decanter, carafe, water bottle

cardinal *m.* cardinal; **le cardinal de Richelieu** Cardinal Richelieu

caresse *f.* caress; **faire des caresses** (to) caress, fawn upon

Carolingien-ne Carlovingian

carré *m.* square

carreau *m.* pane of glass

carrosse *m.* coach

carte *f.* card; **jeu de cartes** pack of cards

casque *m.* helmet

casser (to) break

catéchisme *m.* catechism; **fit le catéchisme à Clovis** taught Clovis his catechism

Catherine de Médicis Catharine de' Medici

catholique Catholic

cause *f.* cause; **à cause de** because of

causer (to) talk; **tout en causant** as he (she, they, *etc.*) talked

cavalerie *f.* cavalry

cavalier *m.* horseman, horse soldier; **des cavaliers** troops

cave *f.* cellar

ce *adj.* this, that; **ce . . .-ci** this . . .; **ce . . . .-là** that . . .

ce *pron.* this, that, it (*sometimes not to be translated; sometimes translated by a personal or demonstrative pron.*, he, she, they, these, those, *etc.*); **c'est que** that is because (*or often not translated*); **c'est qu'il n'y avait pas d'écoles** there were no schools; **ce fut une grande joie** there was great rejoicing; **ce sont des petits Gaulois** they are little Gauls; **c'est-à-dire** that is (to say); **c'est pour cela que** that is why; **c'est ça** that is he; **c'étaient des ennemis** it was the foe; **ce dont on a besoin** what we (they) need; **ce qui, ce que** what, that; **c'est un brave garçon, cet enfant-là** this child is a good boy (*Sometimes the plural verb after* ce, *as* ce sont, c'étaient, *must be translated by the sing. in English, it is, it was:* **c'étaient les paysans qui labouraient la terre** it was the peasants who tilled the ground)

céder (to) give over, make over

ceinture *f.* belt

cela that

célèbre celebrated

celle *pron. f.* that, the one, that one; **celle-là** that one

celles *pron. f. pl.* those, the ones

celui *pron. m.* the one; **celui-là** that one

cendre *f.* ashes (*pl.*); **mettre en cendres** (to) reduce (turn) to ashes

cent (a) hundred; **il y a cent et quelques années** more than a hundred years ago

centaine *f.* about a hundred (*pl.* hundreds)

cercueil *m.* coffin

cérémonie *f.* ceremony; **sans cérémonie** without any ceremony; **faire des cérémonies** (to) be ceremonious; **en cérémonie** in state; **de cérémonie** state

cerf *m.* stag

certainement certainly

ces *adj. pl.* these, those, the

César *m.* Caesar

cesser (to) leave off, come to an end

cet *adj. m.* this, that

cette *adj. f.* this, that

ceux *pron. m. pl.* these, those, the ones; **ceux qui attaquent** the attacking ones

chacun-e *pron.* each

chaîne *f.* chain

chair *f.* flesh

chaise *f.* chair; **chaise à porteurs** sedan chair

chaleur *f.* heat

chambre *f.* room, chamber

champ *m.* field

chancelier *m.* chancellor

chandelle *f.* tallow candle, candle

changement *m.* change

changer (to) change; **changea de nom** changed its name

chanson *f.* song

chanter (to) sing

chapeau *m.* hat; **chapeau à plumes** plumed hat

chapelle *f.* chapel

chaperon *m.* hood

chapitre *m.* chapter

chaque each, every

char *m.* wagon, cart

chargé-e *p.p. and adj.* laden

charger (to) load

chariot *m.* wagon

charitable charitable

charité *f.* charity; **faire la charité** (to) give away alms

charrette *f.* cart, tumbril

charron *m.* wheelwright, cartwright

charrue *f.* plough

chasse *f.* hunt, sport, hunting; **pour (à) la chasse** hunting; **chasse aux oiseaux** bird-hunting; **la chasse au faucon** hunting with falcons

chasser (to) drive (away *or* out), hunt, turn out; **à chasser** in hunting; **chassons** let us drive

chasseur *m.* hunter, huntsman

chat *m.* cat

châtaigne *f.* chestnut

château *m.* castle, feudal castle, palace, fortress

Châtelet (Petit) *an old fortress in Paris, near the Hôtel-Dieu, formerly used as a prison*

chaud-e warm, hot; **faire chaud** (to) be warm, hot

chaussure *f.* boots and shoes (*pl.*)

chef *m.* chief, leader, head

chemin *m.* road, path, way, route; **chemin de fer** *m.* railway; **en chemin** on the way; **faire peu de chemin** (to) travel (go) a little way; **prendre un chemin** (to) take a route

cheminée *f.* chimney

chemise *f.* shirt; **en chemise** in their shirts

chêne *m.* oak tree

cher, chère dear, at a high price

chercher (to) try, try to find, seek, fetch, look for; **envoyer chercher** (to) send for; **aller chercher** (to) fetch

cheval *m.* horse; **à cheval** on horseback, mounted; **jouer au cheval** (to) play horse

chevalier *m.* knight

chevaucher (to) ride

chevelure *f.* hair, head of hair

cheveu *m.* hair; *pl.* **cheveux** hair

chez at *or* to (the house *or* shop of); **chez soi** in one's own house, near at hand; **chez elle** at her house; **chez eux** (at) their houses

chien *m.* dog

chœur *m.* choir

choisir (to) choose; **se choisir** (to) choose (for oneself, myself, *etc.*)

choisisse *pres. subj. of* choisir

chose *f.* thing; **autre chose** anything else; **toutes choses** everything

chrétien-ne *noun and adj.* (a) Christian; **beaucoup de chrétiens et de chrétiennes** many Christian men and women

ciel *m.* sky, heaven

cierge *m.* taper, candle

cil *m.* eyelash

cimetière *m.* cemetery

cinq five, the Fifth

cinquante fifty

cinquante-six fifty-six

circonstance *f.* occasion

cirque *m.* amphitheater

clair *m.* light; **il faisait un beau clair de lune** it was a beautiful moonlight night

clair-e *adj.* light (*when used as an adv., translate* "clearly")

clarté *f.* light, brightness

classe *f.* class; **on ne fit pas la classe** there was no school

clé, clef *f.* key

clergé *m.* clergy

cloche *f.* bell

clocher *m.* steeple, church steeple

clouer (to) nail

coche *m.* public coach

cœur *m.* heart; **nous avons un cœur dans la poitrine** we have hearts in our breasts

coiffer (to) put on (one's head); **il est coiffé de** he has on his head; **coiffé de** wearing; **se coiffer (de)** (to) wear, put on

coin *m.* corner

colère *f.* anger (*often used with indef. art.* **une** *in French; omit in English*)

collège *m.* college

coller (to) stick

collier *m.* necklace, collar

colline *f.* hill

colonel *m.* colonel

colonie *f.* colony

colonne *f.* pillar, column

combat *m.* fight

combattre (to) fight; **a combattu (ont combattu)** fought

combien (de) how much, how many; **combien de temps?** how long? **combien met-on de temps?** how long does it take?

commander (à) (to) command, govern, rule, order (about); **faire commander** (to) have . . . commanded

comme like, as, how; **sérieux comme de petits hommes** as grave as men; **on était comme dans une prison** it was as if they were in a prison; **on entendit comme le bruit d'une fusillade et d'une canonnade** a noise like the firing of muskets and cannon was heard

commencement *m.* beginning

commencer (to) begin

comment how, what; **comment sont les murs?** what are the walls like? **comment étaient les rues?** what were the streets like? **comment était Louis quatorze?** what was Louis the Fourteenth like? **comment il fallait faire** what was to be done; **comment écrivait-on les livres?** how were books written?

commerce *m.* trade; **le grand commerce** the principal trade; **le commerce n'allait plus** commerce ceased

commettre (to) commit

commis *m.* clerk; royal agent

commis-e *p.p. of* **commettre,** committed

commode convenient

compagnie *f.* company

compagnon *m.* companion; **compagnon d'armes** companion in arms

compatriote *m.* (fellow) countryman, compatriot

compliment *m.* compliment

comprendre (to) understand; **les Autrichiens n'y comprenaient rien** the Austrians could not make it out

compte *m.* account

condamné-e *m. and f.* condemned prisoner

condamner (to) condemn, sentence

Condé, prince de Prince de Condé

condition *f.* condition; **à condition que . . .** on condition that . . .

conducteur *m.* conductor, driver

conduire (to) take, lead, drive; **faire conduire** (to) have . . . taken

conduisaient *imp. ind. of* conduire

conduisait *imp. ind. of* conduire

conduisirent *pret. of* conduire

conduisit *pret. of* conduire; **on la conduisit** she was taken

conduit-e *p.p. of* conduire; taken, led

conduite *f.* behavior, conduct

confesser (se) (to) confess, make one's confession

confit-e *p.p. of* confire, preserved

confitures *f. pl.* preserves, jam

connaissaient *imp. ind. of* connaître

connaissez *pres. ind. of* connaître

connaître (to) know

connétable *m.* constable

connu-e *p.p. of* connaître, known

conquérir (to) conquer

conquête *f.* conquest; **faire la conquête** (to) conquer

conquis-e *p.p. of* conquérir, conquered

conseil *m.* (*often used in pl. in French*) advice, counsel

conseiller *m.* councilor, counselor

conseiller (to) advise, give advice

consentir (to) consent

conserver (to) keep, preserve

construire (to) build, erect, construct

construisant *pres. part. of* construire, building

construisirent *pret. of* construire

consul *m.* consul

consulter (to) consult

contenir (to) contain

content-e pleased; **content de** pleased to (with)

contiennent *pres. ind. of* contenir

continuer (to) go on, continue

contraire *m.* contrary; **au contraire** on the contrary, on the other hand

contre against, with, to

contrebande *f.* smuggling; **de contrebande** smuggled

contrebandier *m.* smuggler

convenir (to) agree

Convention *f.* Convention

convoquer (to) convoke, summon, call together

convulsion *f.* convulsion, fit

coquet, coquette elegant, smart, particular about one's dress

cor *m.* horn; **cor de chasse** horn, bugle

corde *f.* rope; **des cordes raides** tight ropes

corne *f.* horn; **les cornes baissées** with its horns lowered

corps *m.* body

corriger (to) correct

Corse *f.* Corsica (*an island in the Mediterranean which has belonged to France since 1768*)

Corse *m. and f.* Corsican

corse *adj.* Corsican

cortège *m.* train, retinue, attendants

corvée *f.* unpaid vassal labor

costume *m.* dress, costume; **grand costume de guerre** full war dress

côte *m.* coast, hill (*often used in pl. in French when Eng. requires the sing.*)

côté *m.* side, direction; **d'un côté** on one side; **à côté de** beside; **à côté** close by, hard by; **du côté near; de quel côté** towards what side; **du côté où l'on veut** in the direction you wish

cou *m.* neck; **autour du cou** round my (your, their, *etc.*) neck (necks); **avec une corde au cou** with a rope round their necks; **au cou** round my (your, their, *etc.*) neck (necks)

couché-e *p.p. of* **coucher**, lying (down), in bed

coucher (to) lay (down), put to bed, sleep; **se coucher** (to) lie down

coude *m.* elbow

coudre (to) sew

couler (to) flow, run (down)

coup *m.* blow, shot; **à coups de** with, by means of; **on la frappa à coups de fouet** she was whipped; **d'un coup** at one blow; **à coups de hache** with hatchets; **les beaux coups de lance ou d'épée** the fine spear thrusts or sword thrusts; **coup de feu** shot; **frapper de deux coups de poignard** (to) stab twice with a dagger; **frappèrent à coups d'épée** pierced with their swords; **tout à coup** suddenly; **tout d'un coup** at one blow, in a moment; **tirer un coup de fusil** (to) shoot once with a gun (rifle); **un coup de vent** a gust of wind

couper (to) cut down, cut off; **c'est le bourreau qui tout à l'heure coupera les têtes** it is the executioner who will presently cut off the prisoners' heads

coupure *f.* cut

cour *f.* court

courage *m.* courage (*often used with article in French; omit in Eng.*); **reprendre courage** (to) pluck up courage

courageu-x, -se brave, courageous

courber (to) bow down

courent *pres. ind. of* **courir**, run, are running, go about

courir (to) run, race; **courir la campagne** (to) roam (over) the country; **courir bride abattue** (to) gallop off at full speed

couronne *f.* wreath, crown

court *pres. ind. of* **courir**

courut *pret. of* **courir**

cousin-e *m. and f.* cousin

cousu-e *p.p. of* **coudre**, sewn

coûter (to) cost

couvert-e *p.p. of* **couvrir**, covered, roofed, wrapped

couvre *pres. ind. of* **couvrir**

couvrir (to) cover; se couvrir (to) be covered

craignaient *imp. ind. of* craindre

craignent *pres. ind. of* craindre

craindre (to) fear; ne furent plus tant à craindre were no longer so much to be feared

crâne *m.* top of the head, head

créer (to) create, establish

creuser (to) hollow (out)

creu-x, -se hollow

crever (to) burst; à d'autres ils crevèrent les yeux they put out the eyes of others

cri *m.* cry

crier (to) cry out, shout (out), scream; appeler en criant (to) shout at (after)

crime *m.* crime

criminel criminal

croire (to) believe, think (*After* croire *there is very often an infinitive in French; this must not be translated by an infinitive in Eng., but by a finite verb and object; as* elle crut voir et entendre parler deux femmes she thought she saw and heard two women speaking)

croiriez *cond. of* croire

croisade *f.* crusade

croisé *m.* crusader

croix *f.* cross

crosse *f.* butt end, stock; à coups de crosse with the butt ends of their muskets (guns, rifles)

croyaient *imp. ind. of* croire

croyait *imp. ind. of* croire

croyez *pres. ind. of* croire

cru-e *adj.* raw

cru-e *p.p. of* croire, believed, thought

cruellement cruelly

crurent *pret. of* croire

crut *pret. of* croire

cueillaient *imp. ind. of* cueillir

cueillait *imp. ind. of* cueillir

cueillette *f.* gathering

cueillir (to) gather, pick

cuiller *f.* spoon

cuirasse *f.* breastplate

cuirassé-e *adj. and p.p. of* cuirasser, armed with a cuirass, ironclad; quand il était cuirassé when he had his breastplate on

cuivre *m.* copper

culotte *f.* breeches (*pl.*)

cultiver (to) till, cultivate

curé *m.* parish priest

cycliste *m.* bicyclist

D

dame *f.* lady

Danemark *m.* Denmark

danger *m.* danger

dans (*not to be translated after* entrer) in, into, within, on, at, along, from, out of, during; dans toute la Gaule all over Gaul; dans toute la France all over France; ils le choisissaient dans une famille they chose him from a family; dans la suite subsequently; ils prenaient dans les maisons et dans les granges tout ce qu'ils pouvaient emporter they took all they could carry away out of the houses and barns

danser (to) dance

date *f.* date

davantage more, further, any more

de of, about, from, by, with, to, off, in; (*often not to be translated, or partitive art. when it takes the place of* du, de l', de la, *or* des any; de l', de la some, any) faire de (to) do with; étonné de astonished; de notre temps in our time;

d'abord (at) first, in the first place; **de suite,** running, at a time; **d'un côté . . . de l'autre** on one side . . . on the other; **de tous les côtés** on all sides; **d'où** whence, where . . . from; **de loin** from a long way off; **de . . . en** from . . . to; **d'où il était parti** which he had left; **des deux côtés** on both sides; **de quel côté** towards what side ? **de front** abreast; **celui de droite** the right-hand one; **d'après** from (an original of), according to; **avoir de quoi** (to) have something *or* anything; **de bonne heure** early (in life); **de ce temps-là** at that time; **d'un coup** at one blow

debout standing (up); **se tenir debout** (to) stand up; **se plaça debout** stood up

déchirer (to) tear

décider (to) decide; **se décider** (to) make up one's mind, come to a decision

déclarer (to) declare; **déclarer la guerre à** (to) declare war on

découper (to) cut out

découvert-e *p.p. of* **découvrir,** discovered

découverte *f.* discovery

découvrir (to) descry, espy, discover

défaut *m.* fault

défendre (to) defend, forbid; **se défendre** (to) defend oneself; **il défendait de le leur dire** he would not have them told

défiler (to) pass

dégourdir (to) warm; **se dégourdir les jambes** (to) stretch one's legs

dégoûter (to) disgust

déjà already

délivrer (to) deliver, rescue, free

demander (to) ask (for), require; **demander conseil à** (to) ask advice of; **demander quelque chose à quelqu'un** (to) ask somebody for something; **se demander** (to) ask oneself, wonder

demeurer (to) stay

demoiselle *f.* young lady, maiden, girl, damsel

démolir (to) pull down; **faire démolir** (to) have . . . pulled down

départ *m.* departure

dépasser (to) go beyond, exceed; **qui le dépassent en hauteur** which are higher than it

dépêche *f.* telegram

dépêcher (to) dispatch; **se dépêcher** (to) hasten, make haste

dépense *f.* expense, expenditure; **dans les trop grandes dépenses que j'ai faites** in spending too much money as I have done

dépenser (to) spend

déplaire à (to) displease

déplu-e *p.p. of* **déplaire,** displeased

depuis since, from, after; **depuis ce temps-là** after that; **depuis longtemps** for a long time

député *m.* deputy

déranger (to) disturb; **se déranger** (to) disturb oneself, move

dernier, dernière last

derrière behind

des of the, some (*or not to be translated*); **des deux côtés** on both sides; **bien des** many

dès from, as early as, even in; **dès que** as soon as

désastreu-x, -se disastrous

descendant *m.* descendant

descendre (to) go down, get out; **descendaient à terre** went ashore, landed; **descendre de cheval** (to) dismount désennuyer (to) distract (divert) one's thoughts, entertain

désert m. desert

désert-e deserted

déshabiller (to) undress; se déshabiller (to) undress

désolation f. mourning, desolation (*do not translate into Eng. the French ind. art.* **une** *before it*)

désolé-e distressed, grieved; désolé d'avoir perdu distressed at having lost

désordre m. disorder; sauter en désordre sur (to) toss about

dessert m. dessert

dessiner (to) draw, design

dessous under; en dessous underneath

dessus onto it; par-dessus, audessus de above

détacher (to) undo, unfasten

détester (to) detest

détruire (to) destroy

détruisaient *imp. ind. of* détruire

détruit-e *p.p. of* détruire, destroyed

dette f. debt

deux two; des deux côtés on both sides

devaient *imp. ind. of* devoir, were obliged, had to, were to, ought to, must have (*followed by p.p. in Eng. when infinitive is used in French*)

devait *imp. ind. of* devoir, was obliged, had to, was to, ought to, must have; il devait se croire he must have thought himself (*see note to* devaient)

devant before, in front of; le cheval de devant the front horse

devanture f. front, shop front, shop window

devenait *imp. ind. of* devenir

devenir (to) become

devenu-e *p.p. of* devenir, become; sont devenus have become;

devenu grand when he grew up; qu'est-ce qu'est devenu Louis treize? what became of Louis the Thirteenth?

devez *pres. ind. of* devoir, must

deviendrait *cond. of* devenir

devient *pres. ind. of* devenir

deviner (to) guess

devinrent *pret. of* devenir

devint *pret. of* devenir; que devint Charles neuf? what became of Charles the Ninth?

devoir m. task, exercise, duty

devoir (to) be obliged, have to

dévorer (to) devour

devrais *cond. of* devoir, should

diable m. devil

Dieu m. God

dieu m. god

difficile difficult; difficile à difficult for; le plus difficile the greatest difficulty

difficilement with difficulty

diligence f. stagecoach, coach

dimanche m. Sunday; le dimanche on Sunday

dîner m. dinner

dîner (to) dine

dire (to) tell, say; voulait dire meant; veut dire does mean; c'est-à-dire that is to say

Directoire m. Directory

dirent *pret. of* dire

dirigeable dirigible

diriger (to) steer

disaient *imp. ind. of* dire

disait *imp. ind. of* dire

disant *pres. part. of* dire

discuter (to) argue

disputer (to) quarrel; se disputer (to) quarrel

distance f. distance; de distance en distance at various points

distraction f. diversion; il fallait donner des distractions à tout ce **monde-là** all these people had to be amused

distraire (to) entertain; **pour se distraire** for (the sake of) a diversion *or* relaxation, for a change, in the way of relaxation, to amuse oneself

dit *pres. ind. of* **dire**

dit *pret. of* **dire**

dit-e *p.p. of* **dire**, told, said; **on aurait dit une petite fille** you would have said he was a little girl; **on aurait dit des statues blanches qui marchaient** you would have said they were white statues marching

dites *imperative of* **dire**, say, tell

dix ten, the Tenth

dix-huit eighteen, the Eighteenth

dix-neuf nineteen

dix-sept seventeen

doit *pres. ind. of* **devoir**, must; **il ne doit pas y avoir** there must not be

doivent *pres. ind. of* **devoir**, must

domestique *m. and f.* (a) servant

donc then, so, therefore

donjon *m.* keep

donner (to) give; **donner le fouet** (to) whip; **on lui avait donné** he (she, it) had been given; **se donnaient** were given; **de donner** of giving; **se donner une poignée de mains** (to) shake hands; **se donner de la peine** (to) take (give oneself) trouble; **se donner de l'exercice** (to) take exercise

dont of (from, by, with) which, whose, of (from, by) whom; **ce dont on a besoin** what we (they) need

doré-e gilt, gold, golden

dormir (to) sleep

dorure *f.* gilt; **sans galons ni dorure** without any braid or gold lace

dos *m.* back; **sur le dos des moutons** on the backs of sheep

dot *f.* dowry, (marriage) portion

douce *adj. f.* sweet

doucement gently

doux *adj. m.* sweet

douze twelve

drap *m.* cloth

drapeau *m.* flag

dresser (to) raise, set up, train, erect

droit *m.* right

droit-e right, straight

droite *f.* right; **à droite** to *or* on the right

drôlement funnily

druide *m.* druid

du of the, from the, in the, some, any (*often not to be translated*)

duc *m.* duke

dur-e hard, harsh, unkind; **dur pour . . .** harsh (unkind) to . . .

durcir (to) harden, become hard

durer (to) last

E

eau *f.* water

écarter (to) put aside, set aside, pull aside, draw aside

échafaud *m.* scaffold

échasses *f. pl.* stilts

échelle *f.* ladder

éclair *m.* lightning, flash of lightning; **lancer des éclairs** (to) flash lightning

éclairer (to) light (up)

éclat *m.* splinter; **rire aux éclats** (to) burst out laughing

éclater (to) burst

école *f.* school

écolier *m.* schoolboy, scholar (*pl.* school children)

économie *f.* economy; **faire des économies** (to) save money écorché *p.p.* *of* écorcher, grazed, with the skin off, sore; **ils avaient les pieds écorchés** their feet had the skin off

écouter (to) listen (to)

écraser (to) crush; **je ne veux pas qu'on écrase le raisin avec les pieds** they are not to crush (tread out) the grapes with their feet

écrire (to) write

écrivain *m.* writer

écrivait *imp. ind. of* écrire; **comment écrivait-on les livres?** how were books written?

écrivez *pres. ind. of* écrire

écrivit *pret. of* écrire

écurie *f.* stable

effet *m.* effect; **en effet** indeed, in fact

effrayant-e frightful

égal-e equal; **cela m'est égal** it's all the same to me, I don't care; **cela lui était égal** it was all the same to him, he did not care

église *f.* church

égoïste selfish; **très égoïste** (*page 133*) as he was very selfish

égorger (to) cut the throat of, kill, slaughter

Égypte *f.* Egypt

élancer (s') (to) spring forward, rush, dash

élève *m.* schoolboy, boy, pupil

élever (to) raise; **s'élever** (to) rise (up), bring up, go up

élire (to) elect

elle she, her, herself, it

éloigner (to) remove; **des maisons éloignées les unes des autres** houses widely separated from each other

élu-e *p.p. of* élire, elected

embarras *m.* trouble, strait; **ne faisait pas d'embarras** did not stand upon formality

embellir (to) beautify; **s'embellir** (to) improve

embrasser (to) kiss, clasp, embrace

emmener (to) take away (off), carry away (off), lead away (off)

emparer de (s') (to) seize upon, take possession of

empêcher (to) prevent (*In French there is sometimes no direct object, noun or pronoun, for this verb; it must be added in Eng.; as* **ils surveillaient les chemins pour empêcher d'entrer dans la ville** they kept a lookout on the road to prevent *anyone* from entering the town)

empereur *m.* emperor

empire *m.* empire

emplir (to) fill; **s'emplir** (to) be filled

employé *m.* clerk, porter, railway official

emporter (to) carry away (off), take

emprisonnement *m.* imprisonment

emprisonner (to) imprison, confine

ému-e *p.p. of* émouvoir, moved, touched

en *adv. and pron.* of it, from it, of them, with it (them), about it (them), some, any; (*often not to be translated*) **s'en alla** went off; **d'en sortir** (to) leave it, emerge from it

en *prep.* in, at, to, on, of, into, made of, as a, like a (*sometimes not to be translated*); **en chemise** in one's shirt; **en ce temps-ci** nowadays; **en ce temps(-là)** at that time; **en route (chemin)** on the way; **en face de** opposite, in front of; **en main** in one's hand; **en liège** of cork; **en or** made of gold; **en bois** made of wood; **en réjouissance** as a sign of rejoicing; **en empereur** like an emperor; **en soldat** like a soldier; **en train de** in the act of; **en mouvement** active; **en même temps** at the same time; **en haut de** on (to) the top of; **en bas** at the bottom, below; **en guerre** at war; **en atelier** as a workshop; **en dessous** underneath; **en effet** indeed; **en attendant que** until; **la France fut alors en république** France was then a republic (*When followed by pres. part.,* **en** *must be translated by* on, in, through, by; *when followed by a subject and a verb, translate by* as, while, when; *as* **en s'accompagnant** while he accompanied himself; **en les écoutant** as she listened to them; **en tournant la page** when you turn the page; **en se battant** while he was fighting)

encadrer (to) frame
encens *m.* incense
encensoir *m.* censer
encore still, other, again, yet, more, longer, besides; **pour se distraire encore** for another relaxation; **encore une grande bataille** another big battle; **encore un grand salut** another big bow; **encore bien d'autres** many more
encourager (to) encourage
encre *f.* ink
endormir (to) put to sleep; **s'endormir** (to) fall asleep
endroit *m.* place
enfance *f.* childhood
enfant *m. and f.* child; infant, as a child (*page 114*); **enfants gaulois** little Gauls
enfer *m.* hell; **d'enfer** hellish

enfermer (to) shut up; **s'enfermer** (to) shut oneself up
enfin at last
enfler (to) swell
enfoncé-e sunken
enfoncer (to) drive in (away), sink in
enfuir (s') (to) flee; **s'enfuir au grand galop** (to) gallop off
engager (to) engage; **s'engager** (to) enlist, volunteer
enlever (to) carry off, clear off *or* away, take off; **l'on enlève aux esclaves les colliers** the slaves are having their collars . . . taken off
ennemi *m.* enemy, foe (*often used in pl. in French; translate in the sing.*)
ennemi-e the enemy's, of the enemy
ennuie *pres. ind. of* ennuyer, worries; **s'ennuie** is dull, is bored
ennuyer (to) annoy, bore; **s'ennuyer** (to) be dull *or* bored
énorme enormous, huge
enragé mad, rabid (*of an animal*)
enrager (to) go mad; **faire enrager** (to) put . . . into a rage, drive . . . mad
enseigne *f.* sign, signboard
enseigner (to) teach
ensuite afterwards, then
entendre (to) hear; **s'entendre** (to) agree, come to an agreement (arrangement); **entendre raconter** (to) hear . . . told (*After* **entendre** *the French use the infinitive; in Eng. we do not. Use either the pres. part. as in* **elle crut voir et entendre parler deux femmes** she thought she saw and heard two women speaking, *or the p.p. as in* **entendre raconter** (to) hear . . . told)

enterrement *m.* funeral

enterrer (to) bury

entier, entière whole

entourer (to) surround, encompass, go around; **qui l'entourent** all round him

entraîner (to) draw along, drag along

entre between; **brave entre les braves** the bravest of the brave; **entre eux** among themselves, together

entrée *f.* entrance

entrer (dans) (to) enter, come (in, into), go (in, into); **faire entrer** (to) show in, usher in, introduce

envahir (to) invade

envelopper (to) cover

enverrait *cond. of* envoyer

envers to, towards

envie *f.* envy; **avoir envie de** (to) want (wish) to

environs *m. pl.* environs, vicinity

envoler (s') (to) fly off

envoyer (to) send; **envoyer chercher** (to) send for

épais-se thick

épaule *f.* shoulder

épée *f.* sword

épicerie *f.* grocery, grocer's shop

épicier *m.* grocer

épouser (to) marry

épuiser (to) exhaust; **s'épuiser** (to) be exhausted

ermite *m.* hermit

es *pres. ind. of* être

escalader (to) scale, climb (over)

esclavage *m.* slavery

esclave *m.* slave

Espagne *f.* Spain

Espagnol *m.* Spaniard

espagnol-e Spanish

espérer (to) hope (for); **espérait toujours** kept hoping

essayer (to) try

essoufflé-e *p.p. and adj.* out of breath

essuyer (to) wipe

est *pres. ind. of* être; **depuis ce temps la France est en république** since that time France has been a republic (**C'est** *is sometimes used to sum up a plural noun and verb, and then must be translated* "are"; *as* **les hommes armés, c'est Saint-Louis avec des chevaliers français** the armed men are Saint Louis and some French knights)

estrade *f.* dais, raised platform

et and

établir (to) establish; **s'établir** (to) settle; **vint (vinrent) s'établir** came and settled

étage *m.* floor

étaient *imp. ind. of* être

était *imp. ind. of* être; **il était allé** he had gone; **on était comme** it was as if they were

étaler (to) spread; **s'étaler** (to) be spread out, be displayed

étant *pres. part. of* être, being; **étant petit** as a little boy

état *m.* state

été *m.* summer; **un soir d'été** one summer evening

été *p.p. of* être, been; **avaient été bien notés** had had good marks

étendard *m.* flag, standard, banner

étendre (to) stretch out

êtes *pres. ind. of* être

étoffe *f.* stuff, material

étonner (to) astonish; **s'étonner** (to) be astonished *or* amazed

étouffer (to) be suffocated *or* stifled

étranger *m.* foreigner

étranger, étrangère foreign

être (to) be (*often translated by the verb* "to have"); **être venu au**

monde (to) have been born into the world

étroit-e narrow

étude *f.* study; **faire ses études** (to) study

eu-e *p.p. of* **avoir,** had; **il y a eu** there has (have) been

eurent *pret. of* **avoir; n'eurent plus à manger** had nothing more to eat

Europe *f.* Europe

eut *pret. of* **avoir; il y eut** there was (were); **eut lieu** did take place, took place

eût *imp. subj. of* **avoir,** had, might have; *see* **voulaient**

eux them, they, themselves

évanoui-e *p.p. of* **évanouir,** fainting, in a swoon

évêque *m.* bishop

événement *m.* event

exécuter (to) execute

exemple *m.* example; **par exemple** for instance

exercer (to) exercise; **s'exercer** (to) exercise (oneself), practise

exercice *m.* exercise; **se donner de l'exercice** (to) take exercise

expliquer (to) explain

extraordinaire extraordinary

F

fabrique *f.* manufacture

fabriquer (to) manufacture, make

face *f.* front; **en face de** opposite, in front of; **(bien) en face** (straight) in the face

fâché-e *p.p.* angry

fâcher (to) offend; **se fâcher** (to) get angry, quarrel

facilement easily

façon *f.* way, fashion; **de façon que** so that

facteur *m.* carrier; **facteur (de la poste)** postman

fagot *m.* faggot

faible weak

faiblesse *f.* weakness

faim *f.* hunger; **avoir faim** (to) be hungry

faire (to) make, do, be (*of the weather*), create, serve; **faire la guerre à** (to) make war on; **faire du mal à** (to) hurt, do harm; **faire beaucoup de mal** (to) do much harm, hurt seriously; **qu'elle avait commandé de faire pour elle** which she had ordered to be made for her; **se faire** (to) become, turn, make *or* have oneself; **se faire aimer** (to) make oneself beloved; **se faire catholiques** (to) become Catholics; **se faisait le grand commerce** the principal trade was carried on; **faire une douzaine de kilomètres** (to) go a dozen kilometers; **à faire** (to) be done; **à ne rien faire** without doing anything; **faire des dépenses de plus en plus grandes** (to) spend more and more (money)

fais *pres. ind. of* **faire,** make, do; **je te fais chevalier** I dub thee knight

faisaient *imp. ind. of* **faire,** did, did do, did perform; **faisaient rouler** were rolling down; **ils se faisaient souvent la guerre (les uns aux autres)** they often made war upon each other

faisait *imp. ind. of* **faire,** did, did do, made, was; **faisait venir** sent for; **on leur faisait** they were made; **se faisait** was carried on; **faisait donner à manger** had food given; **on faisait une belle cérémonie** a beautiful ceremony was held; **le faisait jouer** had him play

fait *m.* fact

fait *pres. ind. of* faire, is doing; **il ne fait pas bon de naviguer . . .** it is not pleasant to sail . . . ; **cela ne fait rien** it does not matter

fait-e *p.p. of* faire, done, made; **il les a fait venir comme tous les ans** he sent for them as he did every year; **a fait mettre d'un côté les enfants pauvres** had the poor children put on one side; **tout fait** ready made; **a fait de grands compliments à** paid great compliments to, warmly complimented; **a fait relever le pont** had the bridge raised; **fait pour être roi** fitted to be a king; **avait fait très peu de chemin** had gone a very short distance; **ils avaient vite fait de . . .** it did not take them long to . . .

faites *pres. ind. and imperative of* faire, do, make; **faites attention à** be careful of; **faites-en ce que vous voudrez** do what you like with them

fallait *imp. ind. of* falloir, had to, must; **il fallait faire** it had to be done, (he) ought to do it; **il fallait aussi pour devenir colonel avoir des amis auprès du roi** in order to become a colonel, you had, too, to have friends near the king; **il fallait il** needed; **il fallait être** you had to be; **fallait-il?** did you need to have? **il fallait retenir ses places** you had to secure (reserve) your places; **au lieu de trois jours et trois nuits qu'il fallait autrefois** instead of three days and three nights which were required formerly; **combien fallait-il de temps?** how long did it take?

falloir (to) be necessary; **il va falloir lire tout cela** he will have to read all that

fallut *pret. of* falloir, had to; **il fallut traverser** they had to cross; **il fallut moins de temps** it needed less time; **il fallut bien se séparer** they were obliged to part; **il fallut conquérir l'Algérie** Algeria had to be conquered

familier, familière familiar

famille *f.* family

fantassin *m.* foot-soldier

farine *f.* flour

fatigue *f.* fatigue

fatiguer (to) tire; **fatigué** tired

faucon *m.* falcon; **la chasse au faucon** hunting with falcons

faudra *fut. of* falloir, will have to

faudrait *cond. of* falloir, would have to

faut *pres. ind. of* falloir, must, needs (*used impersonally in French; translate by a personal verb; as* **il faut remplir le fossé** they must fill the moat; **il faut que j'aille** I must go); **faut-il que mon pauvre corps soit brûlé!** must my poor body be burned! **en moins de temps qu'il ne faut pour le dire** in less time than it needs to say so; **combien en faut-il aujourd'hui?** how long does it take nowadays? **il faut nous défendre** we must defend ourselves

faute *f.* fault

faux *f.* scythe

femme *f.* woman, wife; **femme du peuple** (common) working woman

fendre (to) split; **leur fendaient la tête** split their heads open

fenêtre *f.* window

fer *m.* iron

ferai *fut. of* **faire,** shall do; **je me ferai chrétien** I will become a Christian

ferait *cond. of* **faire,** would make

ferez *fut. of* **faire,** will do, will make; **vous ferez préparer proprement** you must have . . . prepared cleanly

ferme *f.* farm

fermer (to) shut, close; **se fermer** (to) close

fermier *m.* farmer, farm bailiff, bailiff

féroce fierce, ferocious, wild

fête *f.* festival, holiday, festivity, feast, feast day, entertainment, reception; **la fête de Noël** Christmas; **on lui fit fête sur toute la route** he was cheered and welcomed all the way; **tous les jours c'était fête** every day there were festivities

feu *m.* fire; **en feu** on fire; **feu d'artifice** fireworks (*pl.*)

feuillage *m.* leaves, foliage, greenery

feuille *f.* leaf, sheet

février *m.* February

fier, fière proud

fièrement proudly

fièvre *f.* fever

figure *f.* face

fil *m.* thread

fille *f.* daughter, girl

fils *m.* son

fin *f.* end; **à la fin** at length, at last

finir (to) end; **la cérémonie finie** when the ceremony was over; **faire finir** (to) bring to an end, put an end to

firent *pret. of* **faire,** did, made, performed; **firent bâtir** had . . . built; **se firent obéir** made themselves obeyed; **ils se firent beaucoup de mal les uns les autres** they did each other a great deal of harm

fit *pret. of* **faire,** made, did do; **fit mourir** put (him) to death; **fit mettre en prison** had . . . put in prison; **fit le catéchisme à Clovis** taught Clovis his catechism; **on ne fit pas la classe** there was no school; **le roi Charles se fit prier** King Charles hesitated; **fit nommer** had . . . named; **on la fit monter** they made her get up; **fit massacrer** had . . . massacred; **la Convention fit mettre en prison ceux qui n'aimaient pas la République** the Convention had the people who did not like the Republic put in prison

fît *imp. subj. of* **faire,** made, might make; **elle avait peur qu'il ne fît du mal** (*page 95*) she was afraid he would do harm to . . . ; **elle aurait voulu que son fils fît tout ce qu'elle voulait** she would have liked her son to do all she wanted

fixé-e *p.p.* fixed, riveted, a fixture

flamme *f.* flame

flanc *m.* side; **on va leur percer le flanc** we will run our bayonets into them

fléau *m.* flail; **fléaux à battre le blé** flails for beating the corn

flèche *f.* arrow

fleur *f.* flower; **fleur de lis** iris, flower-de-luce (*the emblem of French royalty;* **le royaume des lis** *meant the kingdom of France*)

fleuve *m.* river

flocon *m.* flake

foi *f.* faith

foire *f.* fair

fois *f.* time; **une fois** once

folie *f.* madness

folle *adj. f.* mad

follement wildly

fond *m.* background

fondre (to) melt

font *pres. ind. of* faire, do; font valoir (une propriété, des terres) farm; font travailler (des bêtes) show off

fontaine *f.* fountain

force *f.* (*often pl.*) strength; à force de by dint of, through; de toutes ses forces with all one's might; à bout de forces spent with fatigue

forcer (to) force, oblige, compel

forêt *f.* forest

forger (to) forge

forgeron *m.* blacksmith, smith

forme *f.* shape

former (to) form; se former (to) form

fort *m.* fort

fort *adv.* very, very much

fort-e *adj.* strong, lusty, able-bodied; le plus fort the stronger (strongest)

fortifier (to) fortify

fossé *m.* moat, ditch

fou *adj. m.* mad; un argent fou enormous sums of money

fouet *m.* whip; donner le fouet (to) whip

fouetter (to) whip

fouiller (to) search (in), rummage (in)

foule *f.* crowd; en foule in crowds

fourrure *f.* fur

frais, fraîche cool

Franc *m.* Frank

franc Frank, Frankish

Français *m.* Frenchman; le français the French language; les petits Français French children; des Français French people

français-e French

France *f.* France

francisque *f.* (a) battle-axe

François *m.* Francis

frapper (sur) (to) strike, aim blows at, hit; on la frappa à coups de fouet she was whipped; frapper de deux coups de poignard (to) stab twice with a dagger; frappant sur son gros ventre slapping his big paunch; frappèrent à coups d'épée pierced with their swords

frère *m.* brother

fresque *f.* fresco

friser (to) curl; qui frisaient curly

froid *m.* cold

fromage *m.* cheese

front *m.* forehead; de front abreast

frotter (to) rub; se frotter les mains (to) rub one's hands

fruit *m.* fruit; fruits confits candied fruit

fruitier, fruitière fruit; arbre fruitier fruit tree

fuir (to) flee

fuite *f.* flight

fumée *f.* smoke

furent *pret. of* être

fureur *f.* fury; avec fureur furiously

furieu-x, -se furious

fusée *f.* rocket

fusil *m.* gun, rifle; tirer des coups de fusil (to) shoot one's gun (rifle)

fusillade *f.* firing of guns, volley of musketry, gunshots

fut *pret. of* être; toutes ces troupes se réunirent et ce fut une armée all these troops met and they were (made) an army

fût *imp. subj. of* être, was, might be

G

gagner (to) win, earn; gagner un mal (to) catch a disease

gai-e lively, cheerful, merry, gay

gaieté, gaîté *f.* gaiety, cheerfulness

galère *f.* galley

galérien *m.* galley slave

galon *m.* lace (*military*), stripe, braid; **sans galons ni dorure** without any braid or gold lace

galop *m.* gallop; **au grand galop de leurs chevaux** full gallop

galoper (to) gallop

garçon *m.* boy

garde *f.* guard

garder (to) keep, look after, attend to, guard

gardien *m.* warder

gare *f.* railway station

garnir (to) furnish, provide

gâter (to) spoil

gauche *f.* left; **à gauche** on (to) the left

gauche *adj.* left

Gaule *f.* Gaul

Gaulois *m.* Gaul

gaulois-e Gallic; **enfants gaulois** little Gauls

geler (to) freeze

gémir (to) groan, wail

gendarme *m.* armed policeman

gêner (to) hinder; **sans être gênés** without being in each other's way; **tout ce qui les gênait** everything that was in their way; **se gêner pour** (to) have hesitation in

général *m.* general

généreu-x, -se generous

genou *m.* knee; **à genoux** kneeling (down), on one's knees; **mettre à genoux** (to) kneel down

gens *m. or pl.* people, persons, retainers, men; **des gens du peuple** common (working) people, poor people

gentillesse *f.* kindness, gentleness

gentiment prettily, nicely

Georges *m.* George

gibier *m.* game

gifle *f.* slap in the face; **donnez-lui des gifles** box his ears

gilet *m.* waistcoat

glorieu-x, -se glorious

gouvernement *m.* government

gouverner (to) govern

gouverneur *m.* governor

grâce *f.* favor; **grâce à** thanks to, owing to

grade *m.* rank, office, commission; **le grade de colonel** colonelcy, colonelship

gradin *m.* seat

grand-e great, large, big, tall, grand; **grand costume de guerre** full war dress; **la dame ouvre de grands yeux** the lady opens her eyes wide; **grand'messe** high mass; **Grand'place** Great Market Place; **une grande fièvre** a high fever; **grand merci** many thanks, gramercy; **avoir grand'faim** (to) be very hungry; **un grand salut** a deep bow

grandir (to) grow up; **en grandissant** as he grew up

grange *f.* barn

gratter (to) scrape, scoop out

grave grave

gravure *f.* picture

griffe *f.* claw

grimper (à) (to) climb

gris-e gray

gronder (to) scold

gros, grosse great, large, big, fat, stout, loud, coarse; **Louis le Gros** Louis the Fat

grossier, grossière coarse, gross

guère (*used with* ne) little, but little, not much, hardly; **nous ne ressemblons plus guère à** we bear hardly any more resemblance to

guérir (to) cure

guerre *f.* war; **en guerre** at war;

la guerre de cent ans the Hundred Years' War

guerrier *m.* warrior

gui *m.* mistletoe

guillotine *f.* guillotine

guillotiner (to) guillotine

H

habile clever

habiller (to) dress, clothe; habillé de dressed in; s'habiller (to) dress (oneself), be dressed

habit *m.* coat, clothes (*pl.*)

habitant *m.* inhabitant

habiter (to) live (in), dwell (in)

habitude *f.* habit; qu'ils avaient l'habitude de faire which they were used to performing; il avait l'habitude he used; comme il en avait l'habitude as he always did

habitué-e *p.p. of* habituer, used to

habituel-le customary, habitual, usual

habituer (to) accustom

hache *f.* axe, hatchet

hardi-e bold, fearless

hardiment boldly

hasard *m.* chance; au hasard at random, aimlessly

haut *m.* top; dans le haut up above

haut *adv.* high; en haut on the top, to the top, up it; tout haut aloud, loudly; en haut de laquelle at the top of which

haut-e *adj.* high; plus haut higher; la plus haute the highest; à haute voix in a loud voice, aloud; la dame tient la tête haute the lady is holding her head up; cette montagne est haute de plus de deux mille mètres this mountain is more than two thousand meters high

hauteur *f.* height; qui le dépassent en hauteur which are higher than it

hélas ! *int.* alas !

Henri *m.* Henry

héritier *m.* heir

heure *f.* o'clock, hour; tout à l'heure just now; de bonne heure early (in life); six heures six o'clock

heureu-x, -se happy

heureusement fortunately

hisser (to) hoist

histoire *f.* story, history

hiver *m.* winter; plein hiver midwinter; l'hiver in the winter

homme *m.* man; homme de guerre warrior, fighting man; homme d'Église churchman, ecclesiastic; homme du peuple common (working) man, poor man

honnête honest, respectable

honneur *m.* honor

honteu-x, -se ashamed

horriblement horribly, frightfully

hors (de) out of, outside

hôtel *m.* hotel; hôtel de ville town hall

Hôtel-Dieu *one of the oldest hospitals in Paris, dating from the Middle Ages. The name meant God's Hostel, the assistance given to the sick being regarded as given to God*

hue ! *int.* gee-up !

huile *f.* oil

huit eight

humeur *f.* humor, temper; de mauvaise humeur bad-tempered

humide damp, wet

hurlant-e shrieking

hurler (to) howl

I

ici here

idée *f.* idea; avoir l'idée de (to) think of

ignorant *adj. and noun* ignorant (person)

il he, it, there; **il venait** he (there) came; **il y a** there is (are); **il y avait** there was (were); **il (ce peuple) était commandé** they were commanded

île *f.* island

illuminer (to) illuminate

illustrer (to) illustrate; **s'illustrer** (to) make (render) oneself illustrious

ils they

image *f.* picture

imiter (to) copy

immense immense

importer (to) import, matter; **n'importe qui** no matter who(m); **n'importe quoi** no matter at

impossible impossible; **impossible de** impossible to; **impossible aux Gaulois** impossible for the Gauls

impôt *m.* tax

imprimer (to) print, stamp, impress

imprimerie *f.* printing

incendier (to) set fire to, burn down

indiquer (to) appoint

infanterie *f.* infantry

injure *f.* insult, taunt

injustice *f.* injustice, piece (act) of injustice, wrong

inquiet, inquiète anxious, uneasy

inquiéter (to) trouble; **s'inquiéter** (to) make oneself uneasy, trouble oneself

instant *m.* moment, instant

instituteur *m.* schoolmaster, master

institutrice *f.* schoolmistress, mistress

instruire (to) teach; **s'instruire** (to) improve one's mind, acquire instruction *or* knowledge; **faire instruire** (to) have . . . taught

instruit-e well-informed, well-educated, clever, trained, exercised; **étaient instruits** had some instruction

instrument *m.* instrument; **instrument de musique** musical instrument

insulter (to) insult

insurgé *m.* insurgent, rebel

insurgent *m.* insurgent

intelligent intelligent, clever

interroger (to) question, examine

inutile useless

inventer (to) invent

invention *f.* invention

inviter (to) invite; **que l'on a invités** who have been invited

ira *fut.* of **aller**

irai *fut.* of **aller**

Italie *f.* Italy

Italien *m.* Italian

italien-ne Italian

J

jalou-x, -se jealous

jamais never, ever; **il n'aima jamais que lui** he only cared for himself; **jamais il n'avait rien vu de si beau** he had never seen anything so beautiful; **jamais de ma vie je ne vous donnerai rien** I shall never give you anything, never in all my life

jambe *f.* leg

jambon *m.* ham

jaquette *f.* jacket

jardin *m.* garden; **Jardin des Plantes** Zoölogical Gardens

jaune yellow

je I

Jean *m.* John

Jeanne *f.* Joan

Jésus-Christ *m.* Jesus Christ

jeter (to) throw (down), utter; **se jeter** (to) rush, throw oneself

jeu *m.* game; **jeu de cartes** pack of cards

jeune young

jeunesse *f.* youth

joie *f.* joy; **ce fut une grande joie** there was great rejoicing; **avoir une grande joie** (to) be delighted, be full of joy

joint-e clasped

joli-e pretty

joue *f.* cheek

jouer (to) play; **jouer de** (to) play on (*an instrument of music*); **jouer à** (to) play (at)

jour *m.* day, daylight, daybreak; **les jours de marché** on market days; **un jour de l'année** one day in the year

journée *f.* day; **une journée de juin, très chaude** a very hot June day

joyeu-x, -se *adj.* joyous, full of joy (*sometimes must be translated by adv.* "joyously")

juge *m.* judge

jugement *m.* sentence, trial

juger (to) judge, give judgment, try; **faire juger** (to) have . . . tried

juillet *m.* July

juin *m.* June

Jules *m.* Julius; **Jules César** Julius Caesar

jusqu'à to, up to, till, until, as far as, as much as

jusque to; **jusque-là** as far as that

juste just

justice *f.* justice, judges, judicial system; **palais de justice** courthouse

L

l' *see* **le** *and* **la**

la *def. art. f.* the (*or not to be translated*); **sur la tête** on my (your, his, *etc.*) head; **à la main**

in my (your, his, *etc.*) hand, by hand; **pour la patrie** for my (your, his, *etc.*) country

la *pers. pron. f.* her, it

là there

laboratoire *m.* laboratory

labourage *m.* plowing

labourer (to) plough, till

lacer (to) lace

lâche cowardly

lâchement like a coward, like cowards

lâcher (to) let go

laid-e ugly

laisser (to) let, leave; **se laisser reconduire** (to) let oneself be taken back; **ne laissez pas couper mes arbres** do not allow my trees to be cut; **se laisser maltraiter** (to) let oneself be ill-treated; **laisser tranquille** (to) leave alone; **laisser commettre** (to) let (allow) . . . to be committed; **se laisser emmener** (to) allow oneself to be led away

lait *m.* milk

lance *f.* spear

lancer (to) shoot, hurl; **lancer des éclairs** (to) flash lightning

lard *m.* bacon

large wide

latin *m.* Latin

le *def. art. m.* the (*or not to be translated*); **le casque en tête** with a helmet on his head; **sur le poignet** on my (your, *etc.*) wrist; **le coude sur le genou** his elbow on his knee; **le menton dans la main** his chin in his hand

le *pers. pron. m.* him, it, so (*or not to be translated*)

leçon *f.* lesson

légume *m.* vegetable

lendemain (le) *m.* the next day

lent-e slow

lentement slowly

lequel who, which (one)

les *def. art. pl.* the (*or not to be translated*); il leva les yeux he raised his eyes

les *pers. pron. pl.* them

lesquel(le)s who, whom, which

leste brisk

lettre *f.* letter

leur *poss. adj.* their; le (la) leur, les leurs *pron.* theirs

leur *pers. pron.* them, to (from, for, at, on) them (*or not to be translated. Often to be translated as an adj. before the noun, in place of the def. art.; as* ils leur verseront sur la tête they will pour on their heads)

lever (to) raise, lift up; se lever (to) get up, rise, stand up, be raised

lèvre *f.* lip

libératrice *f.* deliverer

libre free

liège *m.* cork; en liège of cork

lier (to) bind, tie

lieu *m.* place; avoir lieu (to) take place; au lieu que whereas; au lieu de instead of

lieutenant *m.* lieutenant

lièvre *m.* hare

ligne *f.* line

linge *m.* linen, cloth

lion *m.* lion

lire (to) read

lis *m.* (*in old French* lys) lily

lisait *imp. ind. of* lire

lisant *pres. part. of* lire

lit *m.* bed

litière *f.* litter

livre *m.* book

locomotive *f.* engine, locomotive

loger (to) lodge

loin far (off); au loin in the distance, far off; de loin from

a long way off; plus loin farther, further

lointain-e distant

l'on one, they, people; l'on cueillait le gui the mistletoe was gathered; que l'on ne connaissait pas which were not known; que l'on bâtit which were built; que l'on chasse who are being driven

long *m.* length; le long de along

long, longue long; long de vingt kilomètres twenty kilometers long

longtemps a long time (while); longtemps, longtemps for a very, very long time

loque *f.* rag

lors then

lorsque when

loup *m.* wolf

lourd-e heavy

lui him, her, he, it, himself, to (at, for, from) him *or* her *or* it(self) (*sometimes not to be translated*); lui touchera l'épaule will touch his shoulder

lui-même himself

lumière *f.* light

lune *f.* moon

lutte *f.* struggle, contest

lutter (to) fight

Lyon *m.* Lyons

lys *m. Old French for* lis

M

m' *see* me

ma my (*not to be translated before nouns when addressing people*)

machine *f.* machine, piece of machinery, engine, motor; machine à vapeur steam engine

magasin *m.* shop, warehouse

magnifique magnificent

mai *m.* May

maigre thin

main *f.* hand; à la main in my (your, his, *etc.*) hands, by hand; en main in one's hands

maintenant now

maire *m.* mayor

mais but

maison *f.* house; à la maison at home

maître *m.* master

mal *m.* harm, disease, pain, evil; faire mal (to) do wrong; ne faire de mal à personne (to) hurt nobody; mal de tête headache

mal *adv.* amiss, wrong, badly; mal peigné uncombed, unkempt; mal su learned . . . poorly

malade *m. and f.* sick person; (*pl.*) the sick

malade ill, sickly

maladie *f.* illness, disease

malfaiteur *m.* malefactor

malgré in spite of

malheur *m.* misfortune; par malheur unfortunately

malheureux *m. pl.* unfortunate men (people)

malheureu-x, -se unfortunate, unhappy

malheureusement unfortunately

malin, maligne cunning, sly

malpropre dirty

maltraiter (to) ill-treat; je ne veux pas que vous maltraitiez . . . you are not to ill-treat . . .

maman *f.* mother

manger (to) eat; à manger food

manœuvre *f.* maneuver

manœuvrer (to) work

manquer (to) run short, fail

(Le) Mans *a town in west central France*

manteau *m.* cloak, mantle

marbre *m.* marble

marchand *m.* seller, dealer, hawker, shopkeeper; mar-

chands d'étoffes, de vêtements, etc. dealers in stuffs, clothes, etc.

marche *f.* step, march; sur la neige la marche ne faisait pas de bruit on the snow their steps did not make any noise

marché *m.* market; à bon marché cheap

marcher (to) go, run, walk, move, be propelled; faire marcher (to) make . . . march; marcher à grands pas dans (to) march up and down; marchons (*page 4*) let us march against them; des vaisseaux qui marchaient à la rame ships propelled by oars

marécage *m.* marsh, bog, swamp

Marguerite *f.* Margaret

marier (to) marry; se marier avec (to) marry; pour vous marier (*page 96*) when you marry *or* in order to help you to marry (*it has both meanings here*)

marin *m.* sailor

marine *f.* navy

marmite *f.* cooking-pot

Maroc *m.* Morocco

massacre *m.* massacre

massacrer (to) massacre

matière *f.* matter; table des matières table of contents, index

matin *m.* morning

mauvais-e bad, wretched, poor; mauvais élèves boys who will not work; de mauvaise humeur bad-tempered; le plus mauvais the worst

maux *pl. of* mal

me me, myself; to (for, at, from) me

mécanicien *m.* engine driver, engineer

méchanceté *f.* (*often used in pl.*) cruelty

méchant-e cruel, wicked, unkind; le plus méchant the worst

médecin *m.* doctor, medical attendant, physician

meilleur-e better, best

mêlée *f.* close fight, fray

même *adj. and adv.* same, even; **tout de même** all the same; **quand même** even though (if); **le jour même** the very day

ménagerie *f.* menagerie

mener (to) lead, take; **mena sacrer le roi** took the king to be crowned

mensonge *m.* lie

mentir (to) lie

menton *m.* chin

mer *f.* sea

mercerie *f.* haberdashery

merci thanks; **grand merci** many thanks, gramercy

mère *f.* mother

mérite *m.* merit; **avoir du mérite** (to) deserve (it)

mériter (to) deserve

Mérovingien-ne Merovingian

mes *pl.* my (*not to be translated before nouns when addressing people*)

messe *f.* mass

met *pres. ind. of* mettre

métier *m.* business, trade, calling

mettre (to) put (on), take, wear, place; **se mettre à** (to) begin to; **faire mettre** (to) have . . . put; **ils mettaient le feu au village** they set the village on fire; **se mettre en chemin (route)** (to) start off; **se mettre à genoux** (to) kneel down; **mettre en cendres** (to) reduce (turn) to ashes; **mettre la France en République** (to) turn France into a republic; **mettez dans votre mémoire** keep in mind, try and remember; **se mettre en marche** (to) start (marching); **en y mettant le feu** setting fire

to it as they went; **comme on se met pour tirer** as if they were going to shoot; **mettre trois jours et trois nuits** (to) take three days and three nights; **mettre en mouvement** (to) drive (forward), set in motion; **combien met-on de temps ?** how long does it take ?

meuble *m.* piece of furniture (*translate generally* les meubles *by* "furniture" *in the sing.*)

meurent *pres. ind. of* mourir; **il faut que ces gens-là meurent** those people must die

meurt *pres. ind. of* mourir

meurtre *m.* murder

midi *m.* midday, noon

mie *f.* darling, love

mieux better, best; **aima mieux** preferred; **on est mieux** you are more comfortable

milieu *m.* middle, midst

militaire military

mille (a) thousand

milliard a thousand millions, milliard (*generally used of money when it means in French a thousand million francs, i.e., two hundred million dollars*)

millier *m.* thousand

million *m.* million

ministre *m.* minister

minuit midnight

mirent *pret. of* mettre

miroir *m.* mirror

mis-e *p.p. of* mettre, placed, put; **qu'on a mis** which has (have) been put; **mis en mouvement** driven, set in motion

misérable *m.* wretch, scoundrel, villain

misérable *adj.* wretched

misère *f.* misery, poverty, distress, suffering; (*often used in pl. in French; use the sing. in Eng.*)

faire des misères à (to) ill-treat, do harm (to)

miséricorde *f.* mercy; **fais-moi miséricorde** have mercy on me

mit *pret. of* **mettre; se mit** placed himself, got; **se mit à** began to; **on mit des bagages** luggage was put; **elle mit trois ans** it took (her) three years; **mit la France en république** turned France into a republic

mode *f.* fashion

modeste modest, unassuming, unpretending

moi me, to (for, at, from) me, myself, I (*stressed*)

moine *m.* monk

moins less; **au moins** at least

mois *m.* month

moisson *f.* harvest; **faire la moisson** (to) gather in the harvest

moissonner (to) reap, gather in the harvest; **à moissonner** reaping

moissonneur *m.* reaper, harvester

moitié *f.* half

moment *m.* moment, minute, time, while; **au moment où** when, at the time when, just when; **un moment** for a little while (moment); **à ce moment-là** just then, at that time

mon my (*not to be translated before nouns when addressing people*)

monastère *m.* monastery

monde *m.* world; **tout le monde** everybody; **tout ce monde(-là)** all these people; **beaucoup de monde** many people

monsieur *m.* gentleman, sir

montagne *f.* mountain; **la montagne des Pyrénées** the Pyrenees mountains

montée *f.* ascent

monter (**sur**) (to) mount, go up, get (up), climb up, embark, go up-hill, put up, set up; **monter à cheval** (to) ride (a horse), mount one's horse; **monté** up; **faire monter** (to) get up, take up; **monter la garde** (to) mount guard; **monter en voiture** (to) get into a carriage

montre *f.* watch

montrer (to) show, point out

monument *m.* public building; **monuments à colonnes** buildings with pillars

moquer (**se**) (**de**) (to) laugh (at), scoff (at)

morceau *m.* piece

mordre (to) bite

mort *f.* death; **silence de mort** deathlike silence

mort *m.* dead man; **les morts** the dead

mort-e *p.p. of* **mourir,** dead, died; **est mort** died; **où Napoléon est-il mort ?** where did Napoleon die ? **sont morts** have died

mot *m.* word

mou, molle soft

mouche *f.* fly

moulin *m.* mill

mourant *pres. part of* **mourir; (en) mourant** when he (was dying) died

mourir (to) die; **faire mourir** (to) put to death

mourra *fut. of* **mourir**

mourrais *cond. of* **mourir**

mourront *fut. of* **mourir**

moururent *pret. of* **mourir**

mourut *pret. of* **mourir**

mousquetaire *m.* musketeer

moustache *f.* mustache

mouton *m.* sheep

mouvement *m.* movement; **en mouvement** moving about

moyen *m.* means (*pl.*); **pas moyen de passer** there is no means of passing over; **au moyen de** by means of

munir (de) (to) provide (with)

mur *m.* wall

muraille *f.* wall

musicien *m.* musician

musique *f.* music, (regimental) band

N

n' *see* **ne**

naître (to) be born

Napoléon *m.* Napoleon

nation *f.* nation

national-e national

naviguer (to) sail

navire *m.* ship

ne *neg. particle, used mostly with* **pas, personne, jamais,** *etc.* not; **n(e) . . . que** only; **n'importe qui** no matter who(m); **nous ne ressemblons plus guère à** we bear hardly any more resemblance to

né-e *p.p. of* **naître,** born; **est né** was born

nègre *m.* negro

neige *f.* snow; **boule de neige** *f.* snowball

neiger (to) snow

n'est-ce pas? is it not so? don't I? have you not? has it not?

neuf nine, the ninth

neveu *m.* nephew

nez *m.* nose

ni . . . ni neither . . . nor; **ne . . . ni . . . ni** not . . . either . . . or; **n'eurent plus ni pain, ni viande, ni légumes** had no more bread, or meat, or vegetables (*translate* **ni** *by* "or" *after every negative expression except* neither)

Nil *m.* Nile

noble *m.* noble, nobleman

noble *adj.* noble

noblesse *f.* nobility

Noël *f.* Christmas

noir-e black

nom *m.* name

nombre *m.* number; **en grand nombre** in great numbers

nombreu-x, -se many, large, numerous; **les ennemis étaient bien nombreux** the enemy were in large numbers; **les soldats allemands étaient beaucoup plus nombreux que les nôtres** the German soldiers numbered many more than ours; **ils sont bien plus nombreux** there are many more of them

nommer (to) call, name, elect, appoint; **qu'on nomme** called; **Charlemagne fut nommé empereur à Rome** Charlemagne was declared emperor at Rome; **faire nommer** (to) have . . . elected *or* appointed

non no; **non plus que** not any more than, nor

nord *m.* north; **ces mers du nord** the North Seas; **l'Afrique du nord** North Africa

Normand *m.* Norman (*In the Middle Ages, this name was given to the Northmen or Danes who came down from the North and ravaged the coasts of France and England*)

normand-e Norman

Normandie *f.* Normandy

Norvège *f.* Norway

note *f.* mark

noter (to) mark; **avaient été bien notés** had had good marks

notre our

nôtre, le, la, les ours

nos our

nourrice *f.* nurse

nourrir (to) feed, keep alive; **se nourrir** (to) live (on)

nourrissait *imp. ind. of* **nourrir;
il se nourrissait de** he lived on
nourriture *f.* food
nous we, us, ourselves, each other,
to (for, at, from) us
nouveau, nouvelle new
nouvelle *f.* news
nu-e bare, naked
nuit *f.* night; **la nuit** at night; **à
la nuit** at night
nu-pieds barefoot
n'y *see* y

O

obéir à (to) obey; **se faire obéir**
(to) make oneself obeyed
obéissant-e obedient
obliger (to) oblige, compel
obtenir (to) obtain, get
obus *m.* shell, shrapnel shell
occupé-e *adj. and p.p. of* **occuper,**
busy; **à cinq ans les enfants ne
sont occupés qu'à s'amuser** at
five, children do nothing but
amuse themselves
occuper (to) occupy; **s'occuper de**
(to) attend to, mind, think
about; **de quoi s'occupait Sully?**
what was Sully's business?
œuf *m.* egg
officier *m.* officer
offrir (to) offer
ohé! *int.* Halloo! *or* Hullo!
oie *f.* goose
oignon *m.* onion
oiseau *m.* bird; **chasse aux oiseaux**
bird-hunting
ombre *f.* shade, shadow
on one, we, they, people; (*often
translated in the passive*) **on lui
a donné** he was given; **on l'appelait** it was called; **on a seulement mis un tapis** only a carpet
has been put; **on choisirait**
would be chosen; **on enverrait**
would be sent; **on était en plein
hiver** it was mid-winter; **on faisait une belle cérémonie** a
beautiful ceremony was held;
on découvrit l'Amérique America was discovered; **on en bâtit
beaucoup** many were built; **on
entendait** were heard; **on lui dit**
he is told; **on en parlait** they
were talked about; **on vous expliquera** it will be explained to
you; **qu'on a mis** which has
been put; **on leur a permis** they
have been allowed; **on a défendu à tout le monde** every
one has been forbidden; **on le
servait** he was waited on; **on l'y
a mené** he has been taken
there; **on le conduit** he is led;
on va le conduire he is going to
be taken; **on va leur percer le
flanc** we will run our bayonets
into them; **on conduit chez Pasteur un enfant** a child is taken
to Pasteur; **on lui tient les bras**
his arms are being held
oncle *m.* uncle
ont *pres. ind. of* **avoir; ils ont peur**
they are afraid
onze eleven, the eleventh
or *m.* gold; **un collier et des
bracelets en or** a gold necklace
and bracelets; **d'or** golden
ordinaire ordinary; **à l'ordinaire**
(as) usual
ordinairement generally
ordonner (to) order, decree; **ordonna d'aller chercher le bourreau** ordered the executioner to
be fetched
ordre *m.* order
ordure *f.* (*often used in the pl.*)
dirt, filth
oreille *f.* ear
orgueilleu-x, -se proud
oriflamme *f.* oriflamme

orner (to) adorn, ornament, deco-
rate

os *m.* bone; **trempé jusqu'aux os**
soaked to the skin

oser (to) dare (to)

Otton *m.* Otho

où where, when, in (at, to, on)
which; **au moment où** when;
par où by which, along which

ou or; **ou bien** or (*stressed*), or
else

oublier (to) forget

ouvert open

ouvrage *m.* work

ouvre *pres. ind. of* ouvrir; **s'ouvre**
opens

ouvrier *m.* workman, journeyman

ouvrir (to) open; **en ouvrant les
bras** stretching out his arms

P

page *m.* page (*boy*)

page *f.* page (*of a book*)

païen *m.* (a) pagan, (a) heathen

paille *f.* straw, chaff

pain *m.* bread

paix *f.* peace

palais *m.* palace; **palais de justice**
courthouse

palissade *f.* paling, palisade

panache *m.* plume

pantalon *m.* pair of trousers

Panthéon *m. a large building in
imitation of the Greek temples.
It was built for a church, but is
used now as a burial-place for the
great men of France*

papa *m.* papa

pape *m.* pope

papier *m.* paper

paquebot *m.* mail boat

paquet *m.* parcel, bundle

par by, over, through, with, in,
out of; **par un trou** through
(out through, out of) a hole;

par terre on (to) the ground, in
the ground; **marchait par les
chemins** marched along the
roads; **par malheur** unfortunately; **par où** by which, along
which; **par endroits** in places;
par jour a day; **par heure** an
hour; **par tous les temps et par
tous les vents** in all weathers
and all winds; **par ma foi!** on
my word!

paraissait *imp. ind. of* **paraître**

paraître (to) appear, seem

parce qu(e) because

par-dessus *prep. and adv.* above,
over

pardon *m.* pardon; **demander
pardon** (to) beg pardon

pardonner (to) forgive

pareil-le such; **un pareil** one like
it; **pareil à** like

parent-e *m. and f.* relation, relative

paresseu-x, -se lazy

parisien *m.* Parisian

parler (to) speak, talk; **en train
de parler** in the act of speaking;
parler bas (to) speak in (a)
whisper(s)

parmi among, amongst

parole *f.* word

partager (to) share, divide; **se
partager** (to) share

partie *f.* part

partir (to) start off, start away,
go, set off; **d'où il était parti**
which he had left; **à partir de**
from; **partons** let us go

partout everywhere

parut *pret. of* **paraître**

pas *m.* step; **marcher à grands pas
dans** (to) march up and down

pas *neg. with or without* ne not;
pas de fenêtres no windows;
pas du tout not at all

passage *m.* crossing

passé-e passed, bygone

passer (to) pass (over, by, through), spend, cross; passer la revue de (to) review; qui passait passing; passer par un chemin (to) take a route; y passer (to) pass through; se passer (to) happen, pass, go on; les choses ne se seraient pas passées comme cela things would not have happened (gone on) like that; se passer de (to) do without

paternel-le paternal

patience f. patience

patois m. dialect

patrie f. native country; la patrie my (your, their, etc.) country

patte f. paw; à quatre pattes on all fours

pauvre adj. (often used as a noun) poor, poor person

payer (to) pay (for)

pays m. country, land, part of the country; dans son pays home; tous les pays every country; un peu de pays a bit of the landscape; du pays de Champagne in Champagne

paysan m. peasant; (sometimes used as an adj.) une famille paysanne a peasant family

paysanne f. peasant girl

peau f. skin; peau de bête animal's skin

péché m. sin

peigner (to) comb one's hair; mal peigné uncombed, unkempt

peine f. trouble; c'est à peine si l'on y voyait you could hardly see; à peine on l'entendait they hardly heard him; à peine hardly; avoir de la peine à . . . (to) have some trouble to . . ., find it hard to . . .; c'est à peine s'ils s'en aperçoivent they hardly notice it

peinture f. painting

pèlerin m. pilgrim

pèlerinage m. pilgrimage; en pèlerinage on a pilgrimage

pencher (to) lean (over); se pencher (to) bend down, bend over

pendant during, for (often not to be translated); pendant que while

pendre (to) hang

pénétrer (to) penetrate; pénétrer dans (to) pierce

pénible painful, laborious

péniblement painfully

penser (to) think; penser à (to) think of; on n'y pense plus nobody thinks anything of it

percer (to) pierce (through); on va leur percer le flanc we will run our bayonets into them

perche f. pole

perdre (to) lose, waste; perdre de vue (to) lose sight of

perdrix f. partridge

père m. father; nos pères (page 1) our forefathers; le père de famille the father of the family

périr (to) perish

perle f. pearl

permet pres. ind. of permettre; le pont qui permet d'entrer dans le château the bridge which gives access to the castle

permettre (to) allow, permit

permis-e p.p. of permettre; on leur a permis they have been allowed

permission f. permission; demander la permission (to) ask leave

permit pret. of permettre; qui permit de faire des livres which enabled books to be made

personnage m. personage, fellow

personne f. person (pl. people)

personne nobody, anybody; personne ni rien neither person nor thing, neither anybody nor anything

petit-e little, small; ces petits-là those children; le pauvre petit the poor little boy; d'autres petits other children

petit-fils *m.* grandson

peu *m.* little, few

peu little; à peu près almost, just about; un peu de pays a bit of the landscape

peuplade *f.* tribe

peuple *m.* nation, people, tribe; les peuples the different peoples (*or* nations)

peur *f.* fear; avoir peur (to) be afraid; on avait un peu peur de lui he was somewhat feared; avoir grand'peur (to) be very much afraid; pour faire peur à ceux qui auraient envie de se révolter (to) frighten those who might like to revolt; sans peur fearless

peut *see* pouvoir

peut-être (que) perhaps

peuvent *pres. ind. of* pouvoir, can, are able

Philippe-Auguste *m.* Philip Augustus

photographie *f.* photograph

phrase *f.* sentence

pièce *f.* piece; pièce d'or piece of gold, gold coin; une grosse somme de pièces d'or a large sum of money in gold

pied *m.* foot; pieds nus barefoot, barefooted; sur les pieds et les mains on his hands and knees

piédestal *m.* pedestal

Pierre *m.* Peter

pierre *f.* stone

pierreu-x, -se stony

pieux *m.* stake

pieu-x, -se pious, religious

pigeon *m.* pigeon

piller (to) pillage, plunder; ils craignent qu'on ne pille les maisons they fear that the houses may be pillaged

piquer (to) sting; vous piquerait les yeux would make your eyes smart

piqûre *f.* injection

pire worse, worst

pitié *f.* pity

place *f.* (public) square, situation, post, place; trouver place (to) find room; une place d'une ville a public square in a town

placer (to) place, set; se placeront will take their stand, will station themselves; se plaça debout stood; faire placer (to) have . . . set

plaie *f.* sore

plaindre (to) pity; se plaindre (to) complain, moan

plaine *f.* plain

plaint *pres. ind. of* plaindre

plainte *f.* complaint

plaire à (to) please; je ferai d'eux ce qu'il me plaira de faire I shall do what I please with them; s'il te plaît please

plaisait *imp. ind. of* plaire; tout ce qu'il leur plaisait de all that they pleased (cared) to

plaisanter (to) joke

plaisir *m.* pleasure; faire plaisir (to) please

plaît *pres. ind. of* plaire

planche *f.* plank, board

plante *f.* plant

planter (to) plant, drive in

plat *m.* dish

plateau *m.* tray

plein-e full; plein hiver midwinter; en plein jour in broad daylight

pleurer (to) cry, mourn for, weep;
pleurer de (to) cry, weep at

plomb *m.* lead

plonger (to) plunge

pluie *f.* rain

plume *f.* feather

plupart; la plupart de most (of)

plus more, most; plus grand greatest, largest; plus de more than; au plus grand to the biggest; n'eurent plus à manger had nothing more to eat; non plus not . . . either; ne . . . plus not any more, no (not any) longer, not again (*do not always translate this expression*); ne posséder plus que (to) have only . . . left in one's possession; mais plus Colbert a d'ouvrage, et plus il est content the more work Colbert has to do, the better he is pleased; ne plus tirer (to) stop shooting; pour ne plus jamais se relever never to get up again; (ne . . . plus *can often be translated* "to leave off" *followed by a present part.*) il ne se frotta plus les mains he left off rubbing his hands; les boulangers ne fabriquaient plus qu'un affreux pain noir the bakers left off making anything but horrible black bread

plusieurs several

poignard *m.* dagger

poignée *f.* hilt; se donner une poignée de main (to) shake hands

poignet *m.* wrist; à d'autres ils coupèrent les poignets they cut off others' hands at the wrist

poisson *m.* fish

poitrine *f.* breast, chest; nous avons un cœur dans la poitrine we have hearts in our breasts;

à se rompre la poitrine fit to burst one's lungs; la poitrine de l'autre the other's chest

poli-e polite

pommeau *m.* knob, pommel

pont *m.* bridge

porc *m.* pig

port *m.* port; port de mer seaport

porte *f.* door, gate, entrance

porter (to) wear, carry, bear; portait bonheur was lucky; se faire porter (to) have oneself carried, have oneself conveyed

porteur *m.* porter; chaise à porteurs sedan chair

poser (to) set, place

posséder (to) possess, own; ne posséder plus que (to) have only . . . left in one's possession

possession *f.* possession

poste *f.* post; facteur de la poste *m.* postman

postillon *m.* postilion

pot *m.* pot

poteau *m.* stake

poule *f.* hen, fowl; la poule au pot a fowl in the pot

poupée *f.* doll; les petites filles jouent à la poupée little girls play with their dolls

pour for, for the sake of, to (*or not to be translated*); pour la chasse (*page 2*) hunting; pour général for their general; pour roi for their king; mais il n'en a pas pour vingt francs sur lui ! why, he hasn't spent twenty francs on his dress ! (*followed by infinitive*) (in order, so as) to; bonne et généreuse pour les peuples good and generous to the people; pour que *followed by subj.* in order that, so that, for . . . to; pour qu'il ne bouge pas so that he shall not move pourquoi why; pourquoi faire? what for?

pourra *fut. ind. of* pouvoir; tout ce qu'on pourra all they can

pourrait *cond. of* pouvoir

pourront *fut. of* pouvoir

poursuivre (to) pursue; faire poursuivre (to) have . . . pursued

pourtant yet, all the same, nevertheless

pourvu que if only, provided that

pousser (to) grow, thrust, drive, utter; pousser des cris (to) scream

poussière *f.* dust (*often used with indef. art. in French; omit art. in Eng.*)

pouvaient *imp. ind. of* pouvoir

pouvait *imp. ind. of* pouvoir

pouvoir (to) be able

prêcher (to) preach

précieu-x, -se precious

précipice *m.* precipice

préface *f.* preface

premi-er, -ère one, first, the first; qui marchaient les premiers who were marching in front; au premier rang in the front rank

prenaient *imp. ind. of* prendre

prenait *imp. ind. of* prendre, took, engaged

prenant *pres. part. of* prendre

prendre (to) take, catch; prendre garde (to) take care, beware; s'y prendre (to) set about it; prendre l'habitude (to) get into the habit; prendre un chemin (to) take a route

prennent *pres. ind. of* prendre

préparer (to) get ready, make ready, qualify, prepare; vous ferez préparer proprement . . . you must have . . . prepared

cleanly; préparer à (to) get ready for; se préparer (to) get ready, qualify oneself

près (de) near; à peu près almost, just about; de près near, close; les uns tout près des autres quite near each other

présent present; à présent now

présenter (to) present; se présenter (to) present oneself, wait upon

préserver (to) preserve, keep

présider (to) preside over

presque almost, nearly; presque sans air et sans lumière almost without any air or light; presque aucun d'eux hardly any of them

presse *f.* press, printing press

prêt-e ready

prêtre *m.* priest

preuve *f.* proof; la preuve c'est que . . . (*page 40*) this is proved by the fact that . . .

prier (to) pray, entreat, beg; ils prient they entreat him; prier de (to) entreat to

prière *f.* prayer; en prières in prayer

prince *m.* prince

princesse *f.* princess

printemps *m.* spring

prirent *pret. of* prendre

pris-e *past part. of* prendre, taken, caught

prise *f.* taking, capture; prise de tabac pinch of snuff

priser (to) take snuff

prison *f.* prison

prisonnier *m.* prisoner

prisonnière *f.* (woman) prisoner

prit *pret. of* prendre

prix *m.* prize

proclamer (to) proclaim

produit *m.* produce

professeur *m.* master, professor

ships propelled by oars

Approvisié – tame
fusil – shot

n'importe quoi No matter

rye
chestnuts

rit au éclats – burst out laughing
habile – clever
à quatre pattes – on all fours
pour de bon – in earnest
fâcher – angry – quarrel

triste – sad
saigner – to bleed
à tout propos – at every turn.
puissant – powerful
retroussé – curled
  barbiche – small pointed beard
il était botté – had put on his riding boots
renvoyer – dismiss.
poupée – doll
apprendre – find out
à genoux – kneeling
fredouiller – splutter

profiter (to) profit; **en profitèrent** took advantage of them (this)

profond-e deep

proie *f.* prey; **oiseau de proie** bird of prey

promenade *f.* walk, drive, ride

promener (to) take out; **se promener** (to) go for a walk, walk about; **s'y promèneraient** could walk about on it

promesse *f.* promise

promettre (to) promise; **promettre de** (to) promise to

promirent *pret. of* **promettre**

promis-e *p.p. of* **promettre**, promised

prononcer (to) pronounce

propos *m.* purpose; **à tout propos** at every turn

propre clean

proprement cleanly

propriétaire *m.* landowner, landlord

propriété *f.* property (*sometimes used in pl. in French; translate by sing. in Eng.*); **propriétés** land, estates

protéger (to) protect

protestant *m. and adj.* Protestant

prouver (to) prove

province *f.* province

provision *f.* provision

Prussien *m.* Prussian

prussien-ne Prussian

pu *p.p. of* **pouvoir**, been able; **a-t-on pu ?** could people?

puis then, also

puis *pres. ind. of* **pouvoir**; **je n'en puis plus** I am quite exhausted

puiser (to) draw up; **les pauvres gens y puisent avec des cuillers de bois** the poor people dip their wooden spoons into it

puissance *f.* power

puissant-e powerful

puisse *pres. subj. of* **pouvoir**, may, can

punir (to) punish

purent *pret. of* **pouvoir**

purger (to) purge (people); **faire purger** (to) purge

put *pret. of* **pouvoir**

pût *imp. subj. of* **pouvoir**

Pyrénées (les) *f. pl.* the Pyrenees

Q

qu' *see* **que**

quand when; **quand même** even though, even if, all the same

quantité *f.* quantity; **en grande quantité** in great quantities

quatre four, the Fourth

quatre-vingts eighty

quatorze fourteen, the Fourteenth

que *conj.* that (*or not always necessarily translated*)

que *adv. or pron.* as; **autant . . . que** as (*or so*) much (*or many*) as

que *int. or excl. adv. and pron.* what, how much, how many; **qu'on m'a donné un méchant conseil !** what cruel advice they gave me ! **qu'est-ce donc qui est arrivé ?** what has happened then ? **qu'est-ce que ?** what is (are) ? **qu'est-ce que c'était que ?** what was ? **qu'est-ce qu'on fait à . . . ?** what is being done to . . . ?

que *rel. pron.* that, whom, which

que *conj.* than; **ne . . . que** only; **rien autre que** nothing else but

quel-le what, which; **quel jour ?** on what day ? **quelle figure avait Louis onze ?** what sort of face had Louis the Eleventh ?

quelque-s some, a few; **il y a cent et quelques années** more than a hundred years ago quelquefois sometimes

quelques-uns (-unes) some

quelqu'un-e somebody, anyone

question *f.* question

questionnaire *m.* (examination) questions

qui *int. pron.* who, whom; **qui est-ce qui?** who?

qui *rel. pron.* that (*or omit*), who, whom, which; (*often not translated; may be rendered either by pres. part. or by* "and he," "and she," *etc.*) **qui se battait** fighting; **qui a poussé** growing; **n'importe qui** no matter who(m)

quinze fifteen, the Fifteenth

quitter (to) leave

quoi what; **de quoi** something, anything, wherewith, wherewithal; **je ne sais quoi** something or other; **pas de quoi manger de la viande ni de bon pain** not any meat nor any good bread to eat

quoique although, though

R

racheter (to) buy back; **se racheter** (to) buy one's freedom, free oneself

raconter (to) tell (of), relate; **entendre raconter** (to) hear . . . told; **l'on racontait** they were told of . . .

rafraîchir (to) refresh; **se rafraîchir** (to) refresh oneself

rage *f.* hydrophobia (*madness of dogs*)

raide stiff; **des cordes raides** tight ropes

rail *m.* rail

raisin *m.* grapes (*pl.*)

raison *f.* reason; **avoir raison** (to) be right

raisonnable reasonable, sensible, judicious

ralentir (to) slacken one's pace *or* speed

rame *f.* oar; **bateau à rames** rowboat

ramener (to) bring back; **faire ramener** (to) have . . . brought back

ramer (to) row

rang *m.* rank

ranger (to) draw up, array

rapide *m.* fast train

rapide *adj.* swift, fast, rapid

rappeler (to) recall; **se rappeler** (to) remember

rapporter (to) bring back

raser (to) keep close to, shave

rassurer (to) reassure

rat *m.* rat

ravager (to) ravage, lay waste

rayon *m.* ray

rebord *m.* ledge

recevait *imp. ind. of* recevoir

recevoir (to) receive, catch, take in, get

réciter (to) relate, recite, tell, say

réclamer (to) protest

récolte *f.* crop

récolter (to) gather in, reap

recommandation *f.* recommendation; **Louis quatorze mourant fait ses recommandations à son héritier** (*page 129*) Louis the Fourteenth dying gives his last advice to his heir

recommander (to) recommend; **il recommandait** (*page 19*) he gave orders

recommencer (to) begin . . . again

récompenser (to) reward, requite, recompense

reconduire (to) take back; **faire reconduire** (to) have . . . taken back

reconnaissait *imp. ind. of* reconnaître, acknowledged

reconnaissant-e grateful

reconnaît *pres. ind. of* reconnaître; qu'on ne les reconnaît plus that they cannot be recognized

reconnaître (to) recognize

reconnu-e *p.p. of* reconnaître, recognized

recouvert-e *p.p. of* recouvrir, covered; tout recouvert covered all over

recouvrir (to) cover

reçu-e *p.p. of* recevoir, received; il fut reçu à l'École militaire he was admitted into the military school

reculer (to) retreat, shrink, recoil, quail, draw back, start back

reçut *pret. of* recevoir

redescendre (to) go down again

redevenir (to) become . . . again

redingote *f.* military overcoat (*in the time of Napoleon*)

redresser (to) straighten; se redresser (to) get up (again), draw oneself up again, sit up again

refermer (to) close . . . again, shut . . . again

réfléchir (to) reflect, think

réfugier (se) (to) take refuge

refuser (to) refuse

regarder (to) look at, look on, watch, mind, take into consideration; en regardant as he (she, *etc.*) looks at

régiment *m.* regiment

règne *m.* reign

régner (to) reign

regretter (to) regret, be sorry

rein *m.* (*often used in the pl.*); les reins the loins *or* back

reine *f.* queen

réjouissance *f.* rejoicing; en réjouissance as a sign of rejoicing

relever (to) raise (up); a fait relever le pont has had the bridge raised; se relever (to) get up again, stand up again

religion *f.* religion

remède *m.* medicine

remercier (to) thank

remettre (to) give

remise *f.* coach house

remonter (to) mount . . . again, get in . . . again

rempart *m.* rampart

remplacer (to) replace; remplacer la royauté par la république (to) put a republic in the place of a monarchy

remplir (to) fill

remplissaient *imp. ind. of* remplir

remporter (to) carry off; remporter une victoire sur (to) win a victory over

rencontrer (to) meet

rendre (to) render, bring back, give back, restore, make; pour qu'ils lui rendent leurs comptes for them to submit their accounts to him; se rendre (to) surrender, go

rêne *f.* rein

rentrer (to) go in . . . again

renverser (to) upset

renvoyer (to) send back, dismiss, discharge

réparer (to) mend; faisait réparer had . . . mended

repentir *m.* repentance

repentir (se) (to) repent

répéter (to) repeat

répondre (to) reply

réponse *f.* reply

reposer (to) lie; se reposer (to) rest

repousser (to) repulse, beat off, drive back

reprendre (to) retake, recapture; reprendre courage (to) regain courage

reprenons *imperative of* **reprendre,** let us go back to . . .

représenter (to) represent, show

repris-e *p.p. of* **reprendre,** retaken, recaptured

reprit *pret. of* **reprendre,** took (up) . . . again, plucked up . . . again

reproche *m.* reproach; **sans reproche** blameless, above reproach

république *f.* republic

résigner (to) resign

résister à (to) resist, stand up against

résolut *pret. of* **résoudre**

résoudre (to) resolve

ressembler à (to) be like; **nous ne ressemblons plus guère à** we bear hardly any more resemblance to; **ils ne ressemblent plus du tout à** they bear no more resemblance to

reste *m.* rest

rester (to) stay, remain; **il ne leur resta plus rien** they had nothing left; **il ne lui restait presque pas d'argent pour lui** he had hardly any money left for himself; **faire rester** (to) make . . . stay, keep

résumé *m.* summary

retenez *imperative of* **retenir,** remember

retenir (to) secure, reserve

retirer (to) take away, withdraw, take back, draw out (again)

retomber (to) fall back, fall down again

retour *m.* return

retourner (to) return, go back; **s'en retourner** (to) go back

retraite *f.* retreat; **battre en retraite** (to) retreat

retrousser (to) turn up, curl

réunir (to) call together, gather together, muster, assemble; **se réunir** (to) unite, gather together, meet

réussir (to) succeed; **réussir à** (to) succeed in

réveiller (to) wake; **se réveiller** (to) wake up, come to, revive

revendre (to) sell (again)

revenir (to) come back

reverraient *cond. of* **revoir**

revers *m.* reverse

revint *pret. of* **revenir**

revit *pret. of* **revoir**

revoir (to) see . . . again

révolte *f.* revolt

révolté-e *m. and f.* rebel

révolter (se) (to) revolt, rebel

révolution *f.* revolution

révolutionnaire revolutionary, of the Revolution

revue *f.* review; **passer la revue de** (to) review

rez-de-chaussée *m.* ground floor

riche rich

rideau *m.* curtain

rien anything; **rien autre qu'à se battre** nothing else but fighting; **personne ni rien** neither person nor thing; **à ne rien faire** without doing anything; **rien de si beau** anything so beautiful

rire (to) laugh; **rire aux éclats** (to) burst out laughing

risquer (to) run the risk

rive *f.* bank

rivière *f.* river

robe *f.* robe, gown, dress; **robe à capuchon** gown with a cowl

rocher *m.* rock

roi *m.* king; **roi de mer** sea king, viking

Romain *m.* Roman

rompre (to) break; **à se rompre la poitrine** fit to burst one's lungs

rond-point *m.* open place

rose pink

roue *f.* wheel

rouge red

rouler (to) roll, run; **faisaient rouler** were rolling down

route *f.* way, road; **des provisions pour la route** provisions for the journey; **en route** on the way; **se mettre en route** to start off

rouvrir (to) open . . . again

royal-e royal

royaume *m.* kingdom

royauté *f.* royalty, sovereignty, monarchy

rude fierce

rue *f.* street; **une rue de ville** a town street

ruse *f.* stratagem, dodge, trick

russe Russian

Russie *f.* Russia

S

s' *see* se *and* si

sa his, her, its

sable *m.* sand

sabre *m.* sword, broadsword, saber (*This word is constantly used in French to mean the old-fashioned short broadsword, worn still by the* **Gardes municipaux** *in Paris*)

sac *m.* bag

sacre *m.* coronation, anointing

sacrer (to) anoint, crown; **mena sacrer le roi** took the king to be crowned

sage good, well-behaved, wise

saigner (to) bleed (people)

saint, sainte *m. and f.* saint

saint-e *adj.* holy

Sainte-Chapelle *f. built by Saint Louis to contain the Crown of Thorns. The walls are almost entirely composed of stained glass*

sais *pres. ind. of* savoir ; **je ne sais quoi** something or other

sait *pres. ind. of* savoir

saltimbanque *m.* mountebank

salle *f.* hall, room

saluer (to) bow (to), greet, take off one's hat (to)

salut *m.* bow

sang *m.* blood

sanglier *m.* boar

sanglot *m.* sob

sans *prep.* without (*In French,* sans *is followed by the infinitive; translate this infinitive in Eng. by the pres. part.; as* **sans les avoir méritées** without having deserved them)

saurais *cond. of* savoir, should know (how to)

saurez *fut. of* savoir

sauter (to) jump (over); **sauter en désordre sur** to toss about

sauvage *m.* savage, barbarian

sauvage *adj.* savage, barbaric

sauver (to) save; **se sauver** (to) escape, run away; **sauve qui peut!** all is lost! every man save himself !

savaient *imp. ind. of* savoir, knew (how to), did know

savant *m.* scientist, learned man

savant *adj.* learned

savent *pres. ind. of* savoir; **ils n'en savent rien** they have no idea

savoir (to) know (how to), find out (*translate sometimes by* "can " *and* "could ")

sceptre *m.* scepter

se (*often not to be translated*) himself, herself, itself, oneself, themselves, to (for, from) himself, *etc.*, (to) each other; **qui se battait** fighting

second-e second

secourir (to) help

secours *m.* help; **au secours (de)** help

Sedan *a small town on the Meuse in northeastern France*

seigle *m.* rye

seigneur *m.* lord, nobleman, baron

seize sixteen, the Sixteenth

sel *m.* salt

sellerie *f.* sadlery

semaine *f.* week

semblant *m.* seeming, appearance; **ils faisaient semblant** they pretended

sembler (to) seem

semer (to) sow

s'en aller *see* **aller**

sent *pres. ind. of* **sentir**; **on sent comme un coup de vent** you feel a gust of wind

sentait *imp. ind. of* **sentir**

sentier *m.* path

sentinelle *f.* sentry, sentinel, guard

sentir (to) feel

sentit *pret. of* **sentir**

séparer (to) separate; **se séparer** (to) separate, part, break up

sept seven, the Seventh

septembre *m.* September

sera *fut. of* **être**; **quand il sera** when he is

seraient *cond. of* **être**; **les choses ne se seraient pas passées comme cela** things would not have happened (gone on) like that

serait *cond. of* **être**; **l'armée serait morte de faim** the army would have died of hunger

serez *fut. of* **être**; **quand vous serez retournés en France** when you have returned to France; **quand vous serez plus grands** when you are bigger

sérieu-x, -se thoughtful, serious, grave

seriez *cond. of* **être**

serpe *f.* pruning hook

serrer (to) draw in, clasp (tightly),

crowd, squeeze; **ils ont le cou serré dans un collier** they have their necks wedged (squeezed) into a collar; **serrés les uns contre les autres** crowded against each other

service *m.* service; **faire son service** (to) serve

servir (to) serve, wait on; **servir de** to serve as (for), act as; **à quoi servent le télégraphe et le téléphone?** what are the telegraph and the telephone for? **se servir de** (to) use; **se servaient très bien de . . .** made very good use of . . .

serviteur *m.* servant (*not a domestic servant*)

ses his, her, its

s'est; que s'est-il passé? what happened? **quand Bricart s'est-il engagé?** when did Bricart enlist?

seul-e alone, only, single

seulement only

sévère severe, strict, stern

sévèrement severely

si *adv.* so, yes, such; **une si belle ville** such a beautiful town

si *conj.* if

siècle *m.* century

siège *m.* seat, siege

sien-ne (le, la) his, hers

silence *m.* silence; **silence de mort** deathlike silence

simple plain, unpretending

sire *m.* (*Old French*) lord, knight

situer (to) situate

six six, the Sixth

soie *f.* silk

soient *pres. subj. of* **être**, may be, are; **la France veut que les petits Arabes soient aussi bien instruits que les petits Français** France wishes the little Arabs to be as well taught (well informed) as little French children

soif *f.* thirst; **avoir soif** (to) be thirsty

soigner (to) tend, nurse

soin *m.* care; **ayez soin de . . .** take care of . . .

soir *m.* evening; **le soir venu** when the evening came; **le soir** in the evening

soit *pres. subj. of* être, may be, should be, is; **ils attendent que le trou soit assez grand** they are waiting for the hole to be big enough

soixantaine *f.;* **une soixantaine de** about sixty

soixante sixty

soixante-dix seventy

soixante-dix-sept seventy-seven

sol *m.* ground, soil

soldat *m.* soldier; **en soldat** like a soldier; **jouer au soldat** (to) play at soldiers

soleil *m.* sun, sunlight

solide stout, strong, sound

sombre dark

somme *f.* sum

sommes *pres. ind. of* être

son his, her, its

sonner (to) sound, be blown, ring, strike (*of a clock*); **sonner à toutes volées** (to) peal

sont *pres. ind. of* être

Sorbonne *f. formerly the old University of Paris, founded by Robert de Sorbon, in the thirteenth century. Now the same name is given to the modern University buildings*

sorcière *f.* witch

sorte *f.* sort, kind

sortir (to) get out, come out, emerge, go out, spring (up); **sortaient en foule au-devant de lui** crowded out to meet him;

en sortant when he came out; **au sortir de** on coming out of, on leaving

souffert-e *p.p. of* souffrir suffered

souffler (to) puff and blow, pant, blow; **soufflaient dans des cors de chasse** blew their horns

souffrance *f.* suffering, pain

souffrir (to) suffer

soulever (to) lift up, raise, stir up

soulier *m.* shoe

soumettre (to) subject, subdue; **se soumettre** (to) yield, submit

soumis-e *adj. and p.p. of* soumettre, subjected, subject

souper (to) sup, have supper

soupirer (to) sigh

sourire (to) smile

souris *f.* mouse

sous under, in; **sous la pluie** in the rain

sous-lieutenant *m.* second lieutenant

souterrain *m.* underground passage

souvenir *m.* memory, remembrance

souvenir (se) (to) remember

souvent often, frequently

souvient (se) *pres. ind. of* se souvenir; **on se souvient de** is remembered

soyez *imperative of* être; **soyez (bien) tranquille** do not be (at all) uneasy

spectacle *m.* show

statue *f.* statue

su-e *p.p. of* savoir, known; **mal su** learned . . . poorly

successeur *m.* successor

Suède *f.* Sweden

suer (to) perspire

sueur *f.* sweat, perspiration

suffire (to) suffice; **il vous suffira de dire** it will be enough for you to say

suis *pres. ind. of* être

suite *f.;* **ainsi de suite** so on; **de**

suite running, at a time; **dans la suite** subsequently; **tout de suite** immediately, directly, at once, right away

suivi *p.p. of* **suivre**; **suivi de** followed by

suivre (to) follow

sujet *m.* subject

supplier (to) entreat, beseech, beg; **ils supplient** they beseech him

supporter (to) bear

supposer (to) suppose

supprimer (to) suppress, do away with

sur on, onto, at, over, in, into, against, upon, along, about, up, after; **prendre sur l'ennemi** (to) take from the enemy; **il prenait prise sur prise de tabac** he took pinch after pinch of snuff

surprendre (to) surprise

surtout especially, chiefly, above all

surveiller (to) watch over, keep a lookout on

survivant *m.* survivor

suspendre (to) hang up, suspend, put a stop to

sut *pret. of* **savoir**

T

tabac *m.* tobacco

table *f.* table

tableau *m.* picture, painting

tablier *m.* apron

tacher (to) stain

tâcher (to) try, endeavor

taille *f.* figure, shape, size, height

tailler (to) cut

tant so much, so many

tante *f.* aunt

tantôt by and by, presently;

tantôt . . . tantôt sometimes . . . sometimes, now . . . now, at one time . . . at another

tape *f.* rap, hit, blow

tapis *m.* carpet

tapisserie *f.* tapestry

tapissier *m.* upholsterer; **ouvrier tapissier** working upholsterer

tard late

tas *m.* heap

taureau *m.* bull

teint *m.* complexion

télégraphe *m.* telegraph

télégraphique telegraphic

téléphone *m.* telephone

tempête *f.* storm, tempest

temps *m.* time, weather; **en ce temps-ci** nowadays; **depuis ce temps-là** after that; **combien met-on de temps ?** how long does it take? **de temps en temps** from time to time

tendre (to) hold out, stretch out

tenez ! *int.* there !

tenir (to) keep, hold (out); **il ne pouvait plus tenir en place** he became restless, he could not bear to keep still; **se tenir** (to) sit (*on horseback*), stand, keep, remain, hold oneself, carry oneself, behave; **se tenir debout** (to) stand up

terminer (to) end, conclude

terrasse *f.* terrace

terre *f.* earth, ground, land; **par terre** on (to) the ground (*In French this word is often used in the pl. where the English would use the sing.*)

terreur *f.* terror; **la Terreur** the Reign of Terror

terrible terrible

territoire *m.* territory, dominions (*pl.*)

tête *f.* head; **tête nue** bareheaded; **en tête** on one's head, leading the way; **en tête de** at the head of; **en tête-à-tête** (all) alone

tiennent *pres. ind. of* **tenir,** hold; **se tiennent debout** are standing

tient *pres. ind. of* **tenir**

tiers, tierce third; **le tiers état** the Third Estate (*the middle class of society, as distinguished from the nobility and from the working class*)

tirer (sur) (to) shoot, fire, draw, pull, drag, tug; **tirer des coups de fusil (to)** fire (shots); **tirer de l'arc (to)** draw the bow

toi thee, you, yourself

toile *f.* linen, canvas

toit *m.* roof

tombeau *m.* tomb

tomber (to) fall (down); **en tombant** as he fell; **faire tomber (to)** make . . . fall, pull . . . off

torche *f.* torch, link

tort *m.* wrong; **avoir tort (to)** be wrong; **faire tort à (to)** do harm, wrong, injure

torturer (to) torture; **on les torturait** they were tortured

toucher (to) touch; **on touchait à Durandal** Durandal was being touched; **touchez-là** give me your hand

toujours always, nothing but, still (*When used after an active verb,* **toujours** *may often be translated by "go on" before the verb; as* **Jeanne combattait toujours** Jeanne went on fighting)

tour *m.* turn; **faire le tour du monde (to)** go round the world

tour *f.* tower

Touraine *f. a very rich province in the center of France. At the time of the Renaissance, many castles were built in this section by the French kings*

tourbillon *m.* whirlwind

tourner (to) turn; **se tourner (to)** turn (round)

tournoi *m.* tournament

tous *adj. and pron. m. pl.* all, every; **tous les** every; **de tous les côtés** on all sides; **tous les deux** both

tout *adj. and pron. m. sing.* all, everything; **tout ce que** all that; **tout ce qu'on pourra** everything that is at hand; **tout le monde** everybody; **tout ce monde** all these people; **tout le reste** everything else; **tout est à vous** all is yours

tout *adv.* all, quite, very; **(pas) du tout** (not) at all; **tout à coup** suddenly; **tout d'un coup** all at once; **tout de même** all the same, in spite of everything; **tout à l'heure** just now, presently; **tout vivant** alive; **tout fait** ready made; **tout habillé** fully dressed; **tout à leur aise** freely; **tout de suite** immediately, directly, at once, right away; **tout haut** loudly; **tout en haut** right on the top; **tout en feuillage** embowered in greenery (*Before the ~~pres.~~ part.,* **tout en** *is often used like* en; *as* **tout en causant** as he talked)

toute(s) *pron. and adj. f.* all, every; **toutes choses** everything; **toute la Gaule** all over Gaul; **toute blanche** pure white

trahir (to) betray

train *m.* train; **en train de** in the act of

traîner (to) draw

traitement *m.* treatment (*often used in pl. in French; translate by sing. in Eng.*)

traiter (to) treat

tranquille quiet, peaceful, at peace,

tranquil, easy; **laisser tranquille** (to) leave alone; **soyez (bien) tranquille** do not be (at all) uneasy (*When used as an adv., translate* "quietly")

tranquillement quietly, tranquilly

travail *m.* work

travailler (to) work, perform; **font travailler (des bêtes)** show off; **travailler à l'aiguille** (to) do needlework

travailleur *m.* worker

travailleur *adj.* hard-working, painstaking

travers *m.* breadth; **à travers** *prep.* across, through

traverser (to) cross; **traverser au galop** (to) gallop across

treize thirteen, the Thirteenth

trembler (to) tremble, shake

tremper (to) soak

trente thirty

très very

tressauter (to) start, give a start

tréteau *m.* trestle

tribunal *m.* court of justice, court of law, tribunal

tribune *f.* stand

trique *f.* cudgel

triquer (to) cudgel, beat

triste sad, dreary, dull

trois three, the Third

tromper (to) deceive; **vous vous trompez** you are wrong

trompette *f.* trumpet

tronc *m.* trunk

trône *m.* throne

trop (de) too, too much, too many

trottoir *m.* pavement, sidewalk, platform (*at a station*)

trou *m.* hole

troubler (to) disturb, upset

trouée *f.* gap, breach

troupe *f.* troop, band; (*often used in the sing. when the pl. would be used in Eng.*) troops, soldiers

trouver (to) find, think, consider; **se trouver** (to) be, stand, think oneself, feel, find oneself; **je me trouve si bien ici** it is so delightful here; **vous êtes-vous déjà trouvés . . .** have you already been . . .? **il s'y trouve des hommes et des femmes** there are men and women in it; **venir trouver** (to) come to

trouvère *m.* minstrel, troubadour

tu thou

tuer (to) kill; **on les tuait** they were killed; **ne le laisse pas tuer** do not let it be killed; **faire tuer** (to) have . . . killed

tunique *f.* tunic

Tunisie *f.* Tunis (*the colony, not the town*)

tunnel *m.* tunnel

Turc *m.* Turk

U

un, une a, an, one; **les uns** some; **l'un l'autre** each other; **les uns contre les autres** against each other; **les unes des autres** from each other; **les uns tout près des autres** quite near each other; **l'une à l'autre, les uns aux autres** (to) each other, against each other; **les uns à côté des autres** beside each other, side by side; **une à une** one by one

unir (to) unite; **s'unir** (to) unite

usage *m.* custom

user (to) wear

ustensile *m.* utensil, implement

V

va *pres. ind. of* **aller,** is going, is about (to); **va partir** is going; **il va falloir lire tout cela** he will have to read all that

va *imperative of* aller
vaccin *m.* vaccine
vacciner (to) vaccinate
vache *f.* cow
vague *f.* wave
vaillamment valiantly
vaillance *f.* valor, gallantry
vaillant-e valiant
vaincre (to) conquer
vaincu-e *p.p. of* vaincre, vanquished, defeated
vainqueur *m.* conqueror, victor
vainqueur (de) victorious (over)
vais *pres. ind. of* aller
vaisseau *m.* vessel, ship; des vaisseaux qui marchaient à la rame ships propelled by oars; des vaisseaux à voiles sailing vessels
vaisselle *f.* plate, plate and dishes
valaient *imp. ind. of* valoir; valaient autant were as important
valet *m.* servant, serving-man
valeur *f.* valor
valoir (to) be worth; faire valoir (une propriété, des terres) (to) farm
vapeur *f.* steam; machine à vapeur steam engine; bateau à vapeur steamboat
vaste vast
vaut *pres. ind. of* valoir, is worth; il vaut mieux it is better
velours *m.* velvet
venaient *imp. ind. of* venir
venait *imp. ind. of* venir
vendange *f.* vintage; vendanges vintage
vendangeur *m.* grape gatherer
Vendée *f. an old French province in the west of France, famous for its devotion to the king and royal family at the time of the Revolution*
vendre (to) sell; se vendre (to) be sold; faire vendre (to) have . . . sold; l'on vend des chevaux horses are sold
venger (to) revenge; se venger de . . . (to) revenge oneself on . . .
venir (to) come; faire venir (to) send for; venir trouver (to) come to; il les a fait venir, comme tous les ans he sent for them as he did every year; il sentait venir la mort he felt death coming; ils ont vu venir des soldats they have seen soldiers coming; venir de le voir (to) have just seen him; il venait d'être tué he had just been killed; venir à bout de (to) defeat
vent *m.* wind; un coup de vent a gust of wind
ventre *m.* stomach
venu *p.p. of* venir, come; être venu au monde (to) have been born into the world; des peuples venus d'Allemagne tribes from Germany; étaient venus had come; le soir venu when the evening came
verge *f.* rod
vérole (petite) *f.* smallpox
verra *fut. of* voir, will see, sees (*after* quand)
verre *m.* glass
verrez *fut. of* voir
vers up (to), towards, at
verser (to) pour (out); (se) verser à boire (to) pour (oneself) out something to drink
vêtement garment (*pl.* clothes)
vêtu-e *p.p. of* vêtir, dressed
veulent *pres. ind. of* vouloir; ils veulent qu'il descende de cheval et qu'il monte sur le bateau they want him to dismount and get into the boat

veut *pres. ind. of* **vouloir**, wants, wills; **veut dire** means, does mean; **Dieu le veut** God wills it; **aussi loin qu'on veut** as far as you like; **la France ne veut pas qu'il y ait des esclaves** France will not permit that there be any slaves

veux *pres. ind. of* **vouloir**, wish, will; **je veux qu'il y ait dans chaque ferme** I want each farm to have; **je ne veux pas que vous . . .** you are not to . . .; **je ne veux pas non plus** neither do I wish; **je veux que six bourgeois de Calais viennent me trouver** I wish six burghers of Calais to come to me; **je veux qu'ils m'apportent** I wish them to bring me

viande *f.* meat

victoire *f.* victory

victorieu-x, -se victorious

vie *f.* life; **gagner sa vie** (to) earn one's living

vieil (*or* **vieux**), **vieille** old

vieillard *m.* old man; **vieillards** old people

viendra *fut. of* **venir**

viennent *pres. ind. of* **venir**; **qui viennent d'être délivrés** who have just been freed

vient *pres. ind. of* **venir**; **il vient de recevoir** he has just received; **il vient d'arriver** he has just arrived; **auquel on vient d'ouvrir la porte** which has just been let out; **qui vient d'être . . .** which has just been . . .

vif, vive lively

vigne *f.* vine, vineyard

vigoureusement stoutly

vilain-e ugly

village *m.* village

ville *f.* town; **hôtel de ville** *m.* town hall

vin *m.* wine

vingt twenty

vingtaine *f.* about twenty

vinrent *pret. of* **venir**

vint *pret. of* **venir**

virent *pret. of* **voir**

visage *m.* face

visite *f.* visit

visiter (to) visit

vit *pret. of* **voir**; **on les vit arriver** they saw them coming

vite quickly; **ils avaient vite fait de . . .** it did not take them long to . . .

vitesse *f.* speed (*Often used with* **une** *in French; omit the article in Eng.*)

vitre *f.* windowpane

vitré-e glass

vivaient *imp. ind. of* **vivre**, lived

vivant-e alive

vive *adj. f.* lively; *see* **vif**

vive *pres. subj. of* **vivre**; **vive le roi!** long live the king! **vive la France!** France for ever! hurrah for France!

vivre (to) live, be alive; **vivre à ne rien faire** (to) live in idleness

vivres *f. pl.* food, victuals, provisions

voici here is; **voici qu'on entend une fusillade et une cannonade** suddenly the firing of guns and cannon was heard

voilà there are (here are), there is

voile *f.* sail; **bateau à voile** sailing vessel

voir (to) see, look at (*Followed by inf. where Eng. requires pres. part.; as* **voir . . . tomber** [to] see . . . falling)

voiture *f.* carriage, coach

voix *f.* voice; **à haute voix** aloud

volaille *f.* poultry

volée *f.* flight; **sonner à toutes volées** (to) peal

voler (to) fly (about)

voler (to) steal

voleur *m.* thief

volonté *f.* will (*often used in pl. in French; translate by sing. in Eng.*); **faire toutes les volontés de** (to) comply with all the whims of

vont *pres. ind. of* **aller**

voter (to) vote

voudrait *cond. of* **vouloir**, wanted

voudrez *fut. of* **vouloir**, will like

voudriez *cond. of* **vouloir**, would like

voulaient *imp. ind. of* **vouloir**, would, wanted; **ils voulaient aussi que le roi n'eût plus le droit de faire tout ce qui lui plaisait** also they wanted the king no longer to have the right to do all he liked

voulait *imp. ind. of* **vouloir**, wanted, liked; **voulait dire** meant; **ils allaient où le vent voulait** they went wherever the wind decreed

voulez *pres. ind. of* **vouloir**, wish, want; **voulez-vous que tous les paysans se réunissent?** shall all the peasants unite?

vouloir (to) will, wish for, want, like, please; **en vouloir à** (to) be angry with, have a grudge (*or* spite) against; **ne pas vouloir** (to) refuse; **vouloir bien** (to) be kind enough to, be willing to

voulu-e *p.p. of* **vouloir**, liked

voulurent *pret. of* **vouloir**, would, wanted; **voulurent bien** were kind enough to, were willing to

voulut *pret. of* **vouloir**, would, wanted, did want

vous you, to you; **vous piquerait les yeux** would make your eyes smart; **tout est à vous** all is yours

voûte *f.* arch, vault, roof; **où on les suspendra aux voûtes** where they will be hung in the arches

voyage *m.* journey; **fit le voyage de . . .** journeyed to . . .

voyager (to) travel, journey

voyageur *m.* passenger

voyaient *imp. ind. of* **voir**

voyait *imp. ind. of* **voir**; **on voyait bien** it was easy to see

voyez *pres. ind. of* **voir**

vrai-e real

vu-e *p.p. of* **voir**, seen; **vous avez vu** you saw

vue *f.* sight; **perdre de vue** (to) lose sight of

W

wagon *m.* railway coach, railway carriage

Y

y *adv. and pron.* there, in (to) it, in (to) them, on it, to it (*often not to be translated*); **il y a** there is, there are, ago; **il y a cent et quelques années** more than a hundred years ago; **il y a quelques années** a few years ago; **il y avait** there was, there were; **y passer** (to) pass through; **n'y avait-il pas** there were not

yeux *m. pl.* eyes

s'agit de = to be a question
of or to be a matter of.

n'en pouvoir plus - to give up

bride abattue = at a gallop

en vouloir à - to have a
grudge against

s'y prendre - to set about
doing.
to see about.

se passer de = to get along
without.

Miss Spider's

SUNNY PATCH FRIENDS

Captain Sunny Patch

David Kirk

CALLAWAY

NEW YORK

2006

"Sky Chiefs to the rescue!"

Squirt, Dragon, and Shimmer were playing superheroes. Dragon and Shimmer zipped through a dandelion patch at top speed.

"Wait!" Squirt complained. "I saw those first!"

"But we Sky Chiefs can fly!" shouted Shimmer as she and Dragon flew off.

Squirt scowled as he watched
them go. "If I'm going to be
a super-duper hero," he said,
"I have to figure out how to fly."

Squirt tried to use dandelion seeds and leaves for wings, but they didn't work.

He rushed to an abandoned hummingbird's nest in the Hollow Tree. "These feathers will do," he declared.

With the feathers strapped to his arms and an acorn helmet on his head, Squirt leapt from a branch of the Hollow Tree.

"AAHHHH!" he screamed, crashing through a berry bush. He came out splattered bright blue!

A gust of wind swept him over the Village Square.

"Is that a bird?" asked Mr. Mantis.

"Or a bee?" gasped Eunice Earwig.

"No," said Pillbug, "it's . . . Captain Sunny Patch!"

As Squirt tried to control his flight, he heard a voice call out, "Help!"

Snack the ladybug squirmed on her back, unable to flip over. Quick as a flash, Squirt picked her up and dropped her in the shade.

"Thanks, whoever you are," Snack sighed.

When Squirt cleaned up and arrived home, the Cozy Hole was buzzing.

"Captain Sunny Patch has the strength of ten army ants," said Shimmer.

"And super-cyclone speed," added Dragon. "I wonder who he is?"

"Hmmm," said Miss Spider.

The next morning, Squirt dressed in his superhero costume and zoomed off to find bugs in need.

He tried to help Eddy find his mother, only to realize that the little earwig wasn't lost.

Squirt saw Pillbug trying to grab a berry that was out of reach.

"Let me help you," he offered, shaking the bush. Soon the ground was covered with berries.

"But I only needed one!" said Pillbug.

"Being a superhero is super-hard," decided Squirt. "Maybe I should go back to being me."

He was taking off his costume when a snake slithered through the grass.

"Oh no, she's headed for the village!" Squirt cried.